엑스포지멘터리 성경공부 시리즈

사무엘상

인도자용

사무엘상 1-31장

엑스포지멘터리 성경공부 시리즈

사무엘상 인도자용

사무엘상 1-31장

| 송병현 · 임우민 지음 |

차례

사무엘상 엑스포지멘터리 성경공부 오리엔테이션
(60분 소요)

* 한 주의 성경공부는 60분을 기준으로 구성되어 있으나 그룹의 요구와 형편에 따라 조절하실 수 있습니다.

1. 찬양과 기도(5분)

다 함께 찬양할 수 있는 곡을 선곡하십시오.
세미나 모임을 위해 기도하십시오.

2. 자기소개(10분)

1) **서로 잘 아는 사이의 그룹일 경우** – 한 명씩 돌아가면서 소개하도록 하십시오. 본인의 성격을 동물이나 꽃에 비유하여 소개하는 것도 자신의 특성을 잘 소개할 수 있는 방법입니다.
2) **서로 잘 모르는 사이의 그룹일 경우** – 두 명이 한 조를 이루어 각자의 '제일 잘하는 것 한 가지'를 서로 나눕니다. 3분 정도 후 돌아가며 서로의 짝을 소개하는 시간을 갖습니다. 쑥스러운 분위기를 부드럽게 만드는 방법입니다. 인도자가 먼저 자신을 소개하여 어떻게 하는지 본을 보입니다.

3. 학생용 책 나누어주기(5분)

인도자 지침서는 나누어주지 마십시오.

4. 엑스포지멘터리 성경공부에 대한 소개(2분)

'엑스포지멘터리'(EXPOSItory + comMENTARY = EXPOSIMENTARY, 해설주석)는 '해설, 설명'을 뜻하는 'expository'라는 단어와 '주석'을 뜻하는

'commentary'를 합성한 단어입니다. 본문의 뜻과 저자의 의도와는 연관성이 없는 주제와 묵상으로 치우치기 쉬운 expository의 한계와 필요 이상으로 논쟁적이고 기술적일 수 있는 commentary의 한계를 극복하여 가르치는 사역에 도움을 주기 위한 새로운 장르입니다.
〈엑스포지멘터리 시리즈〉로 재구성한 '엑스포지멘터리 성경공부 시리즈'는 **올바른 성경해석**과 **적절한 말씀 적용**을 핵심 목적으로 하는 평신도를 위한 성경공부 교재입니다.

5. 사무엘서 서론(20분)

* 학생용의 교재를 사용하며 같이 나눕니다.
* 사무엘상 시작 전 사무엘서의 서론을 나눕니다.

1. 사무엘서의 중심 메시지
   - 왕권
   - 선지자권
   - 왕권과 선지자권의 필연적 갈등
   - 죄의 영향력
   - 하나님의 주권과 후회
   - 하나님의 영

2. 사무엘서의 구조와 개요
   Ⅰ. 사무엘의 상승과 엘리의 쇠퇴(삼상 1:1–7:17)
   Ⅱ. 이스라엘의 첫 왕권(8:1–15:35)
   Ⅲ. 다윗의 상승과 사울의 쇠퇴(16:1–삼하 5:10)
   Ⅳ. 뿌리내리는 다윗의 왕권(5:11–8:18)
   Ⅴ. 다윗의 쇠퇴(9:1–24:25)

6. 이 책의 구성 및 사용 방법(5분)

1) 복습 – 예상소요시간 5분

– 복습은 지난주에 배운 말씀 중 가장 핵심적인 부분을 이해하고 있는지 확인하는 부분입니다.
– 지난주에 결단했던 **'생활의 아로마'**가 어떻게 진행되었고, 삶에 어

떤 변화를 가져왔는지 간단히 나눕니다.

2) 말씀 돋보기(관찰) - 예상소요시간 20분

- 말씀 돋보기는 숙제로 제시합니다.
- 말씀 돋보기는 Tip을 제시하고 있으며, Tip을 자세히 읽으면 스스로 답을 얻을 수 있습니다. 그러나 되도록 성경에서 답을 찾고 기록한 후, 그 문제를 이해했는지 Tip을 통해 확인하도록 하십시오.
- 모임 시 함께 풀어보며 문제들에 필요한 추가설명을 곁들이며 어려움이 없었는지 확인합니다.

3) 삶의 내비게이션(적용) - 예상소요시간 25분

- 삶의 내비게이션은 모임 시간에 함께 나누는 부분입니다.
- 삶의 내비게이션은 과거, 현재, 미래형 질문으로 구성되어 있습니다.

4) 생활의 아로마(실천) - 예상소요시간 5분

- 생활의 아로마는 구체적인 실천과제를 학생 스스로 적고 실천하는 부분입니다.
- 생활의 아로마는 매주 모임에서 토론한 내용 중에서 각자의 상황과 결단에 맞추어 한 가지 정도의 구체적인 실천과제를 제시합니다. 다음 모임을 시작하면서 실천과제를 서로 나눕니다.
- 나눔의 깊이는 성령님의 인도하심, 인도자의 지혜, 그리고 그룹 구성원의 서로에 대한 신뢰의 정도에 따라 차이를 보일 수 있습니다.
- 학생용 교재 뒷부분의 "**사무엘상** 말씀 공부를 통한 삶의 변화 일지"를 이용해 엑스포지멘터리 성경공부를 통해 갖게 된 삶의 변화 과정과 결과를 한눈에 볼 수 있게 하였습니다.

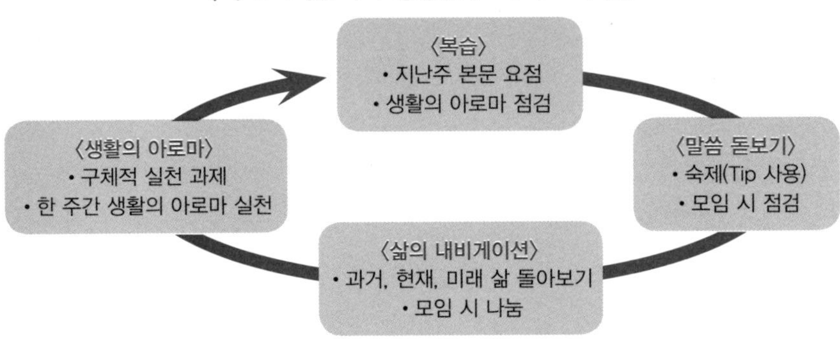

7. 서류 작성(5분)

신청서, 기도제목, 비밀 유지 서약서(교재 뒷부분)등을 작성합니다.
서로의 기도제목을 작성하고 인도자가 정리 후 나누어 주어, 매주 모임에서 함께 중보할 수 있도록 합니다.

8. 기대와 포부(5분)

성경공부 모임을 통해 기대하는 것을 구성원 중 두 명 정도만 이야기하도록 합니다.

9. 숙제와 실천과제(5분)

한 주간의 말씀 돋보기 부분을 숙제해 오도록 하십시오.
실천과제로 **사무엘상(1~31장)**을 소리내어 한 번 읽어오도록 하십시오.

10. 기도

다 함께 이 성경공부 모임을 위해 기도하십시오.
다음 모임의 약속과 장소를 다시 한 번 공지하십시오.

사무엘서 서론

사무엘서에는 유명한 성경 이야기들로 가득하다. 어린 사무엘이 하나님의 부르심을 받고 선지자가 된 이야기, 소년 다윗이 거인 골리앗과 싸워 승리한 일, 다윗과 요나단의 우정, 다윗과 밧세바 사건 등은 잘 알려져 있을 뿐만 아니라 많은 사람의 상상력을 자극하여 이미 수많은 소설과 동화의 소재가 되어 있다. 이처럼 흥미진진한 이야기들로 가득한 사무엘서는 이스라엘의 통치 체제가 사사들을 중심으로 한 지방 체제에서 왕을 중심으로 한 중앙 체제로 전환하는 매우 중요한 과도기를 회고하고 있다는 점에서 이스라엘 역사의 매우 중요한 시기를 조명하는 귀중한 역사적 자료로 평가받고 있다.

사무엘서 이야기는 이스라엘의 마지막 사사이자, 하나님을 대신해서 새로 출범할 왕정 제도의 신학적 정당성과 정체성을 부여할 선지자 사무엘로 시작해서 하나님 마음에 합한 자로 평가하는 다윗의 왕조가 뿌리내리는 것으로 끝을 맺는다.

1. 저자와 저작연대

탈무드는 선지자 사무엘이 사무엘상 1-24장을, 선지자 나단과 갓이 나머지를 집필했다고 한다. 아마도 사무엘이 다윗에 대해 기록을 남겼다는 역대상 29:29-30에 근거한 결론으로 생각된다. "다윗 왕의 역사는 처음부터 끝까지, 선견자 사무엘의 기록과 선지자 나단의 기록과 선견자 갓의 기록에 다 올라 있는데, 그의 통치와 무용담 및 그와 이스라엘과 세상 모든 나라가 겪은 그 시대의 역사가 기록되어 있다"(새번역). 그러나 사무엘서가 세 명의 선지자가 남긴 글과 연관이 있지만, 구약의 여러 책처럼 익명으로 전해졌기에, 정확히 누가 기록했고, 최종적으로 누가 정리한 것인지 추측하는 것은 매우 어려운 일이다.

저자가 누구였는지는 도저히 가늠할 수 없더라도 저작이나 편집 시기는 어느 정도 추측할 수 있다. 사무엘상 27:6은 '유다 왕들'(새번역)을 언급하는데, 이는 여로보암과 르호보암 때 나라가 분열된 이후임을 알 수 있다. 사무엘서 내용 대부분이 다윗과 솔로몬 시대에 저작된 것으로 간주하는 데 큰 문제는 없을 것으로 보인다. 이때 저작된 자료들을 근거로, 누군가 분열왕국 직후 혹은 몇백 년 후에 최종 정리한 것으로 추정한다.

2. 역사적 정황

사무엘서는 주전 12세기 말부터 약 150년 동안의 이스라엘 역사를 정리하고 있다. 책 초반에 출생한 사무엘은 적어도 20년 동안 사사로 이스라엘을 통치했다(삼상 7:2). 그러나 실제는 이보다 훨씬 긴 50년 정도였을 것으로 추정한다(삼상 2:18-21; 3:1-2; 8:1,5; 12:2). 사무엘이 노년에 이스라엘 초대 왕으로 세운 사울은 베냐민 지파에 속했던 기브아 사람이었다(삼상 10:26). 사울은 주전 1050년쯤 왕으로 취임했을 것으로 보인다. 다윗은 사울의 40년 통치 후인 주전 1010년경에 유다 지파의 왕으로 즉위했고, 7년 반 동안 나머지 지파들이 지지하던 사울의 아들 이스보셋과 내전을 치른 후 아브넬의 중재로 통일왕국의 왕이 되었다. 다윗의 통치 시대와 업적에 대해서는 사무엘하에서 회고하고 있다.

다윗의 통치하던 시대(1010-970 BC)의 국제 정세는 상대적으로 매우 평온한 편이었다. 아시리아는 국제 무대에 첫발을 내딛기 시작하던 상황이었기에 자신의 힘을 키우는데 급급해 제국 형성이나 영토 확장에 관심을 둘 겨를이 없었다. 이집트는 제20대 왕조(1070-930 BC)가 쇠퇴해 가고 있었으며, 소아시아에서는 헷 족의 영화가 막을 내리고 있었다. 이처럼 국제적 강자가 없는 상황에서 이스라엘을 포함한 가나안 지역의 약소국가들은 상당한 자유를 누리고 있었으며, 외부 세력의 압력을 염려하지 않아도 되었다.

3. 다른 책들과의 관계

사무엘서가 사사 시대와 솔로몬 통치 시대 사이에 있던 일을 기록하다 보니, 자연스럽게 사사 시대의 일들을 회고한 사사기와 솔로몬 즉위 이후 이스라엘을 지배한 왕들 이야기를 묘사하는 열왕기 사이에서 교량 역할을 하고 있음을 알 수 있다. 사사기는 사무엘서에서 뿌리내리게 되는 왕정 제도의 필요성을 강조하고(삿 21:25), 열왕기는 사무엘서에서 뿌리내린 왕정 제도가 어떻게 전개되었는지를 회고하고 있다. 사무엘서는 왕정 제도의 수립을 기록하면서, 이 세 책의 유기적인 관계의 중심에 서 있기도 하다.

이외에도 사무엘서는 구약 성경의 여러 책과 깊이 연관되어 있다. 여러 선지자가 장차 오실 메시아를 하나같이 '새로운/제2의 다윗' 혹은 '다윗의 후손'으로 언급하는 것은 다윗 언약을 자신들의 예언의 근거로 삼았기 때문이다. 신약 시대에 이르러서 예수님이 다윗의 후손으로 오신 것은 예수님이 바로 사무엘서에 기록된 다윗 언약을 근거로 선지자들이 선포한 메시아이기 때문이다.

4. 신학적 주제와 이슈들

왕권

사무엘서는 왕권에 대한 백성의 최초의 요청, 사무엘을 통해 이루어진 실제적 왕권 수립, 첫 왕 사울의 비극적 통치, 그의 대를 이은 다윗 왕의 중앙 집권 체제, 다윗 왕과 집안에 허락하신 하나님의 영원한 통치적 약속 그리고 다윗 왕권의 쇠퇴와 최후 등 책 전체가 이스라엘의 초기 왕들과 왕정 이야기로 구성되어 있다.

이스라엘은 사사 시대를 지나면서 왕의 필요성을 절실히 느꼈다. 이스라엘 백성은 마지막 사사이자 선지자였던 사무엘에게 장로들을 보내어 왕을 세워 달라고 했다(삼상 8장). 그들은 더는 보이지 않는 하나님의 통치 아래 사는 것을 원치 않고 오히려 그들처럼 호흡을 같이하는 인간 왕의 군림을 선호했다. 이스라엘이 열방처럼 살고 싶다는 의미는 자신들의 신학적 정체성을 거부한다는 것이다. 이스라엘이 한 나라로 출범했을 때의 신학적 기반이 무너져 내리고 있다. 또한 현실적인 면에서도 이스라엘의 왕정 요구는 많은 부담과 위험을 감수해야 했다.

선지자권

아브라함 이후 많은 사람이 선지자 사역을 했지만 선지자 사역이 전문화, 제도화되기 시작한 것은 사무엘 시대였다. 사무엘은 어렸을 때부터 이스라엘의 선지자로 자리매김했다(삼상 3:20; 9:9). 사무엘이 머리에 기름부어 왕으로 세웠던 사울은 사무엘이 예언한 대로 집으로 돌아가는 길에 선지자들의 행렬을 접한다(삼상 10:5, 10-12). 여기서 중요한 것은 성경이 선지자들이 무리를 지어 다니는 것에 대해 최초로 기록하고 있다는 점이다. 이때부터 선지자들은 공동체 생활을 하게 되었고, 그로 인해 선지자 제도가 궤도에 오르게 되었다.

사무엘 시대에 선지자들의 사역이 전문화되기 시작한 것을 계기로 그들의 권위도 새로운 위치에 오르게 되었다. 이전에는 선지자들의 출현이 산발적이었으며, 사역과 권위 역시 지극히 제한적일 수밖에 없었다. 그러나 선지자들의 사역이 제도화되면서 종교적·정치적 역할과 비중도 자연히 커졌다. 이스라엘의 왕은 선지자를 통해 하나님께 정당성을 인정받아야 했으며, 선지자의 인준은 곧 하나님의 섭리를 의미했다.

왕권과 선지자권의 필연적 갈등

선지자가 왕에게 정당성을 부여한다고 하여 왕들이 선지자들을 절대적으로 따르고 그 권위에 복종한 것은 아니다. 성경과 위경(유대인의 전통을 담은 책)은 상당수의 선지자들이 왕에게 하나님 말씀을 전하다 순교를 당했다고 기록하고 있다. 선지자들이 하나님의 권위를 위임받아 말씀을 선포했지만, 하나님을 경외하지 않는 왕들에게는 아무런 위력을 발휘하지 못했다. 선지자들은 세속화된 권력에 무시되거나 희생되기 일쑤였다.

선지자와 왕권의 관계를 이해하는데 있어 한 가지 알아야 할 것은 이 둘은 본질적으로 공존할 수 없다는 점이다. 왕이 제아무리 하나님을 경외

하는 자로 이상적인 정치를 펼치고, 성경의 원리를 따라 경건하게 통치할지라도, 선지자는 왕의 통치로부터 비롯된 의식과 자각에는 동조할 수 없을 뿐만 아니라 그의 소명의 본질상 동조해서도 안 되는 것이었다. 왜냐하면 선지자는 항상 '선지자적 상상력'을 사용하여 현세에 드러나지 않은 하나님의 이상과 가능성을 선포할 책임이 있는 자였기 때문이다. 따라서 구약의 선지자는 항상 이스라엘의 왕과 최소한의 거리를 유지했다.

죄의 영향력

사무엘서는 아이를 낳지 못하여 눈물짓는 '한나'라는 한 신실한 여인의 이야기로 시작된다. 그녀와 엘리 제사장 이야기는 이스라엘이 영적 암흑 속에서 헤매고 있는 모습을 단적으로 보여주고 있다. 사무엘서의 중요한 첫 사건이 한 선지자가 엘리에게 나타나 아들들의 죄와 그것을 방관하는 아버지 엘리에 대한 하나님의 심판을 선언하는 것이라는 점을 생각할 때 당시 죄가 얼마나 온 이스라엘을 장악하고 있었는가를 짐작할 수 있다.
온 이스라엘을 지배하는 듯한 죄의 영향력은 특별히 파편된 가정을 통해 극적으로 묘사된다. 엘리가 추락하고 집안이 제사장 자리를 박탈당한 이유는 하나님 앞에 죄를 범한 아들들을 잘 지도하지 못했기 때문이다(삼상 2장). 선지자 사무엘도 아들들을 경건하게 키우지 못해 노년에 백성의 원성을 들었다(삼상 8:1-5). 사울도 자녀와의 관계가 원만하지 못했다. 사울의 자식은 죄에 사로잡혀 이성을 잃은 아버지의 행동에 동조하지 않았으며 급기야 아버지가 죽이고자 했던 다윗을 축복하고 피신시켰다(삼상 18-20장). 죄의 영향력은 조각난 다윗의 집안에서 절정에 이른다. 다윗의 아들 암논은 이복 누이인 다말을 강간했으나 다윗은 이 사실을 안 뒤에도 아무런 조치를 취하지 않는다(삼하 13장). 아버지가 범죄자를 질책하지 않자 다말의 친오빠 압살롬이 암논을 죽이고 모압으로 망명했다. 이후 압살롬은 아버지 다윗에 대한 서운함과 분노를 이기지 못하고 결국 압살롬의 난을 일으킨다(삼하 15-18장).

하나님의 주권과 후회

하나님의 주권은 이스라엘 초기 왕들의 엇갈린 운명에서 가장 확실하게 드러난다. 성경은 사울을 상당히 겸손한 사람으로 소개하지만(삼상 9-11장), 왕이 되고 나서 하나님께 불순종함으로 왕권에서 쫓겨났다고 말한다(삼상 13:13-14; 15:22-29). 사울에 이어 이스라엘 왕이 된 다윗은 성경에 등장하는 믿음 좋은 사람 중 하나이다. 그러나 어떤 면에서는 다윗이 사울보다 훨씬 심각한 죄를 많이 범했다. 그런데도 하나님은 다윗을 버리지 않고 사랑하셨다. 다윗과 사울의 대조적인 희비를 갈라놓은 가장 기본 요소는 하나님의 절대적인 주권이다. 아울러 다윗의 왕권은 인간 다윗의 노력으로 빚어진 성취라기보다 하나님의 주권으로 주신 선물이었다.

사무엘서 저자는 하나님이 사울을 왕으로 세우신 것을 후회하셨다고 두 차례나 기록한다(삼상 15:11, 35). 본문에 '후회'라는 의미로 사용되는 히브리어 동사는 하나님의 도덕이나 생각이 짧음을 의미하는 것이 아니다. 오히려 인간에게 자비를 베풀기 위해 계획을 수정하실 때 사용한다(암 7:3, 6). 그러므로 하나님이 사울을 왕으로 세우신 일을 후회하셨다는 것은 조직신학에서 말하는 하나님의 전지, 전능 혹은 불변성과 무관한 일이다. 또한 우리는 성경이 인간의 언어로 하나님을 묘사하다 보니 표현에 있어서 어느 정도 한계가 있음을 인식해야 한다.

여호와의 영

'여호와의 영' 혹은 '하나님의 영'이라는 표현은 사무엘서에서 열다섯 차례나 등장한다. 이들 중 일곱 차례는 '여호와께로부터 온 악령'이란 표현 중에 사용된다(삼상 16:14, 15, 16, 23x2; 18:10; 19:9). 나머지 여덟 차례는 '하나님/여호와의 영'에 대한 언급들이다. 또한 다섯 차례는 선지자들이 예언하는 상황을 묘사한다(삼상 10:6, 10; 19:20, 23; 삼하 23:2). 나머지 세 차례 중 한 번은 군사력을(삼상 11:6), 한 번은 다윗에게 임하는 은사적 능력을(삼상 16:13), 나머지 한 번은 하나님이 사울을 버리시는 상황에서 사용된다(삼상 16:14). 이러한 정황에서 '여호와의 영'이 사울을 떠났고, 그 자리를 '여호와께로부터 온 악령'이 차지했다는 사실은 자칫 내재하시는 성령이 떠난 자리를 사탄/귀신이 차지했다는 혼란을 야기할 수도 있다. 그러나 하나님이 악령을 보내는 유일한 경우는 이스라엘의 초기 왕들(자칭 왕이었던 아비멜렉과 백성들이 세운 왕 사울)에게만 해당된다. 성경에서는 두 사람에게만 적용되는 표현이며, 두 사람 다 하나님 보시기에 악했으며, 하나님이 악령을 보내신 것도 그들의 죄 때문이었다. 그러므로 오늘날도 이런 일이 이루어진다고 볼 필요는 없다. 구약 성경에서 하나님의 영을 받은 것으로 기록된 사람들을 살펴보면 하나님의 영은 특별한 역할을 감당하도록 세움을 받은 사람들에게 그 일을 수행할 수 있는 능력을 주려는 목적으로 임하셨음을 알게 된다. 모두 성령의 은사적인 면만 강조할 뿐, 인격적인 내재는 전제하지 않는다.

5. 개요

Ⅰ. 사무엘의 상승과 엘리의 쇠퇴(삼상 1:1–7:17)
- A. 사무엘의 탄생(1:1–2:11)
- B. 엘리 집안의 쇠퇴와 사무엘의 상승(2:12–4:1a)
- C. 이스라엘의 패배와 하나님의 승리(4:1b–7:1)
- D. 사무엘의 사역(7:2–17)

Ⅱ. 이스라엘의 첫 왕권(8:1–15:35)
- A. 백성들의 왕 요구(8:1–22)
- B. 사울의 선택과 기름부음(9:1–10:27)
- C. 사울의 첫 번째 승리(11:1–15)
- D. 옛 언약과 새 왕(12:1–25)
- E. 왕으로서 버림받은 사울: 첫 번째 이야기(13:1–23)
- F. 사울과 요나단의 군사적 공훈들(14:1–52)
- G. 왕으로서 버림받은 사울: 두 번째 이야기(15:1–35)

Ⅲ. 다윗의 상승과 사울의 쇠퇴(16:1–삼하 5:10)
- A. 다윗이 왕으로 기름 부음을 받음(16:1–13)

B. 다윗이 사울을 치료함(16:14-23)
C. 다윗이 골리앗을 죽임(17:1-18:5)
D. 다윗의 왕궁 생활(18:6-20:42)
E. 다윗이 사울에게서 도주함(21:1-30:31)
F. 사울의 죽음(31:1-삼하 1:27)
G. 다윗이 이스라엘의 왕이 됨(2:1-5:10)

Ⅳ. 뿌리내리는 다윗의 왕권(5:11-8:18)
A. 물질적 성공 A(5:11-25)
B. 영적 성공(6:1-7:29)
C. 물질적 성공 B(8:1-18)

Ⅴ. 다윗의 쇠퇴(9:1-24:25)
A. 다윗과 므비보셋(9:1-13)
B. 암몬과의 전쟁 A(10:1-19)
C. 밧세바와의 간음(11:1-12:25)
D. 암몬과의 전쟁 B(12:26-31)
E. 두 아들의 반역(13:1-18:33)
F. 다윗의 회복(19:1-20:26)
G. 다윗의 마지막 행보(21:1-24:25)

제1주 절박한 서원

사무엘상 1:1-28

학습목표

1. 간절한 기도에 응답하시는 하나님을 알 수 있다.

KEYWORD **서원, 기도, 불임**

Ⅰ. 찬양과 기도

Ⅱ. 복습문제 풀이

 **복습**

1 사무엘서는 성경의 다른 책들과 어떤 연관성을 갖는가?
사무엘서가 사사 시대와 솔로몬 통치 시대 사이에 있었던 일을 기록하다 보니 사사기 및 열왕기와 긴밀한 관계를 갖고 있다. 또한 사무엘서의 다윗 언약은 구약의 예언서와 신약과도 연결되어 있다.

Ⅲ. 말씀 사무엘상 1:1-28을 다 함께 읽는다

1:1 에브라임 산지 라마다임소빔에 에브라임 사람 엘가나라 하는 사람이 있었으니 그
는 여로함의 아들이요 엘리후의 손자요 도후의 증손이요 숩의 현손이더라 2 그에게
두 아내가 있었으니 한 사람의 이름은 한나요 한 사람의 이름은 브닌나라 브닌나에게

는 자식이 있고 한나에게는 자식이 없었더라 [3] 이 사람이 매년 자기 성읍에서 나와서
실로에 올라가서 만군의 여호와께 예배하며 제사를 드렸는데 엘리의 두 아들 홉니와
비느하스가 여호와의 제사장으로 거기에 있었더라 [4] 엘가나가 제사를 드리는 날에는
제물의 분깃을 그의 아내 브닌나와 그의 모든 자녀에게 주고 [5] 한나에게는 갑절을 주
니 이는 그를 사랑함이라 그러나 여호와께서 그에게 임신하지 못하게 하시니 [6] 여호
와께서 그에게 임신하지 못하게 하시므로 그의 적수인 브닌나가 그를 심히 격분하게
하여 괴롭게 하더라 [7] 매년 한나가 여호와의 집에 올라갈 때마다 남편이 그같이 하매
브닌나가 그를 격분시키므로 그가 울고 먹지 아니하니 [8] 그의 남편 엘가나가 그에게
이르되 한나여 어찌하여 울며 어찌하여 먹지 아니하며 어찌하여 그대의 마음이 슬프
냐 내가 그대에게 열 아들보다 낫지 아니하냐 하니라 [9] 그들이 실로에서 먹고 마신 후
에 한나가 일어나니 그 때에 제사장 엘리는 여호와의 전 문설주 곁 의자에 앉아 있었
더라 [10] 한나가 마음이 괴로워서 여호와께 기도하고 통곡하며 [11] 서원하여 이르되 만
군의 여호와여 만일 주의 여종의 고통을 돌보시고 나를 기억하사 주의 여종을 잊지 아
니하시고 주의 여종에게 아들을 주시면 내가 그의 평생에 그를 여호와께 드리고 삭도
를 그의 머리에 대지 아니하겠나이다 [12] 그가 여호와 앞에 오래 기도하는 동안에 엘리
가 그의 입을 주목한즉 [13] 한나가 속으로 말하매 입술만 움직이고 음성은 들리지 아니
하므로 엘리는 그가 취한 줄로 생각한지라 [14] 엘리가 그에게 이르되 네가 언제까지 취
하여 있겠느냐 포도주를 끊으라 하니 [15] 한나가 대답하여 이르되 내 주여 그렇지 아니
하니이다 나는 마음이 슬픈 여자라 포도주나 독주를 마신 것이 아니요 여호와 앞에 내
심정을 통한 것뿐이오니 [16] 당신의 여종을 악한 여자로 여기지 마옵소서 내가 지금까
지 말한 것은 나의 원통함과 격분됨이 많기 때문이니이다 하는지라 [17] 엘리가 대답하
여 이르되 평안히 가라 이스라엘의 하나님이 네가 기도하여 구한 것을 허락하시기를
원하노라 하니 [18] 이르되 당신의 여종이 당신께 은혜 입기를 원하나이다 하고 가서 먹
고 얼굴에 다시는 근심 빛이 없더라 [19] 그들이 아침에 일찍이 일어나 여호와 앞에 경
배하고 돌아가 라마의 자기 집에 이르니라 엘가나가 그의 아내 한나와 동침하매 여호
와께서 그를 생각하신지라 [20] 한나가 임신하고 때가 이르매 아들을 낳아 사무엘이라
이름하였으니 이는 내가 여호와께 그를 구하였다 함이더라 [21] 그 사람 엘가나와 그의
온 집이 여호와께 매년제와 서원제를 드리러 올라갈 때에 [22] 오직 한나는 올라가지 아
니하고 그의 남편에게 이르되 아이를 젖 떼거든 내가 그를 데리고 가서 여호와 앞에
뵙게 하고 거기에 영원히 있게 하리이다 하니 [23] 그의 남편 엘가나가 그에게 이르되

그대의 소견에 좋은 대로 하여 그를 젖 떼기까지 기다리라 오직 여호와께서 그의 말씀
대로 이루시기를 원하노라 하니라 이에 그 여자가 그의 아들을 양육하며 그가 젖 떼기
까지 기다리다가 24 젖을 뗀 후에 그를 데리고 올라갈새 수소 세 마리와 밀가루 한 에
바와 포도주 한 가죽부대를 가지고 실로 여호와의 집에 나아갔는데 아이가 어리더라
25 그들이 수소를 잡고 아이를 데리고 엘리에게 가서 26 한나가 이르되 내 주여 당신의
사심으로 맹세하나이다 나는 여기서 내 주 당신 곁에 서서 여호와께 기도하던 여자라
27 이 아이를 위하여 내가 기도하였더니 내가 구하여 기도한 바를 여호와께서 내게 허
락하신지라 28 그러므로 나도 그를 여호와께 드리되 그의 평생을 여호와께 드리나이
다 하고 그가 거기서 여호와께 경배하니라

Ⅳ. 관찰문제의 바른 답

말씀 돋보기(관찰)

1 성경에 의하면 한나의 불임 원인은 무엇인가?(1:5-6)

하나님이 한나의 태를 닫으셔서

성경은 두 번이나 "여호와께서 한나에게 임신하지 못하게 하셨다"라고 기록하고 있다(5, 6절). 그러므로 한나의 고통은 하나님께 원인을 찾을 수 있는 것이다. 여호와께서 한나의 태를 닫아놓으신 사실이 엘가나 집안에 두 가지 반응을 일으켰다. 첫째, 비록 주님이 한나의 태를 닫아놓으셨지만, 엘가나는 한나를 사랑하였다(5절, 새번역). 둘째, 주님이 한나의 태를 닫아놓으셨으므로, 그의 적수인 브닌나는 한나를 괴롭히고 업신여겼다(6절, 새번역). 저자는 한나의 문제가 하나님께로부터 비롯되었다는 점을 강조함으로써 한나의 문제를 해결할 수 있는 유일한 분도 오직 여호와라는 것을 드러내고 있다.

2 한나가 여호와께 기도한 내용은 무엇인가?(1:11)

하나님이 아이를 허락하시면 그 아이를 나실인으로 드릴 것을 서약했다.

Tip 한나는 하나님께 나아가 자신의 아픔을 드러내 놓고 흐느껴 울며 기도했다. 성경에서 '흐느껴' 우는 것은 아이를 잃고 괴로워하는 부모의 모습 혹은 엄청난 고통에서 헤어나오지 못하는 사람의 심정을 표현한다. 한나의 기도는 '아들'을 구하는 것이었으며, 하나님이 아이를 허락하시면 그 아이를 나실인으로 드릴 것을 서약했다(11절).

* 한나 기도의 오해

1) 한나의 기도는 뇌물 기도이다(?) → 한나는 먼저 주시면 받아서 그대로 되돌려 드리겠다고 한다. 그러므로 한나의 기도는 뇌물 사례가 아니다.
2) 아이의 장래를 부모가 결정하고 정했다 → 부모는 아이가 어렸을 때 그 환경을 준비시킬 수 있으나 결정은 하나님이 주관하실 일이다.
3) 엄마의 품이 가장 필요한 어린아이를 강제로 부모의 품에서 떼어내어 여호와의 장막에 거하게 했다 → 서원이 옳지 않으면 하나님이 아예 주시지 않으셨을 것이다.

* 한나의 경우 이스라엘의 형편을 반영한 특별한 케이스다. 그러므로 오늘날 그대로 반영하는 것은 문제가 있다.

3 엘리는 열심히 기도하는 한나를 어떻게 받아들였는가?(1:13)

술 취한 여자로 생각했다.

엘리 제사장의 영적 분별력이 얼마나 흐려졌던지 기도하는 것과 술 취한 여자가 중얼거리는 것을 구분하지 못했다. 고대 사회에서 술 취한 여자같이 가증스럽고, 불결하고, 천하게 여겨지는 이미지는 흔하지 않았다. 시력이 약해진 엘리는 기도하는 한나를 아주 형편없는 여인으로 단정하고 있다. 성경은 당시 이스라엘 종교의 현주소를 확실히 보여주는데, 이 시대는 여호와의 말씀이 아주 희귀한 때였다(3:1).

4 엘리가 평안을 기원하는 것에 한나는 어떻게 반응했는가?(1:18)

다시는 근심하지 않았다.

여호와의 제사장으로서 엘리는 그분을 경배하는 한나에게 여호와의 '평안'을 빌어주었다(17절). 실제로 이 사건은 성경에서 제사장이 특정 예배자에게 여호와의 복을 빌어주는 유일한 사건이다. 하나님이 백성의 기도를 들으시고 제사장을 통해 관심과 위로를 표현하시는 언약에 기초한 믿음이 잘 묘사되는 장면이다. 한나는 제사장이나 세상의 그 누구도 아닌 하나님께 기도했다. 여호와께서 그녀의 기도를 들으시고 제사장을 통해 응답하셨다. 하나님이 들으셨으므로 한나의 슬픔과 비통함이 그녀를 짓누르지 못했다(18절). 기도한 후에는 더는 방황/요동하지 않고 모든 것을 그분께 맡기며 조용한 가운데 하나님을 기다리는 한나의 신앙이 돋보인다.

5 하나님이 한나를 생각하시니 어떤 일이 일어났는가?(1:20)

한나가 임신하여 아들을 낳았다.

한나는 여호와께 자신의 처지를 '기억해 달라'고 기도했고(11절), 여호와께서는 그녀의 기도대로 라마의 집으로 돌아간 한나를 '기억하셨다(19절). 하나님의 기억하심으로 그녀의 문제가 해결되어 드디어 임신을 하게 되었다. 이제는 한나에게 슬픔과 괴로움의 나날들은 사라지게 되었다. 한나는 아이의 이름을 '내가 여호와께 구하여 얻은 자'라는 신앙고백에 기초해 '사무엘'이라고 지었다. 구약에서 하나님의 기억하심은 은혜를 베푸신다는 의미다.

V. 적용과 나눔

삶의 내비게이션(적용)

1 한나는 자신의 아픔을 드러내 놓고 통곡하며 기도했다. 당신의 인생에서 가장 간절하고 슬프게 기도한 경험은 언제였는가? 그 문제의 원인은 무엇이었는가?

관찰문제 2번, 3번 참고. 한나는 대단한 믿음을 소유한 여인이다. 구약은 한나를 가장 신앙심 깊은 여인으로 묘사한다. 그녀는 상처받을 것을 뻔히 알면서도 하나님의 성전을 찾아 예배한다. 구약에서 하나님의 성전을 찾는 것으로 기록된 여인은 한나가 유일하다. 또한 여인이 서원을 하고 그 서원을 지키는 것으로 기록된 사람도 한나뿐이다. 한나는 자신의 고통을 기도로 극복한 여인이다. 한나의 기도가 얼마나 간절해서 남을 의식하지 않고 했으면, 엘리는 그녀를 술 취한 여인으로 보았을까. 각자 인생에서 가장 간절하고 슬프게 기도한 경험이 있는지 나누어 보자. 어릴 때는 부모님이 아프시면 간절히 기도한다. 진학을 위해, 합격을 위해, 배우자나 자녀의 아픔에도 눈물을 흘리며 간절히 기도할 수 있다. 각자의 경험을 나누어 보고, 그 원인은 무엇이었는지도 말해 보도록 한다.

2 당신은 세속적인 것과 영적인 것을 분별하기 위해 무엇을 갖춰야 하는가? 현재 당신에게 가장 분별이 안 되는 부분은 무엇인가?

관찰문제 3번 참고. 엘리 제사장은 술 취한 여자와 기도하는 여자를 구분하지 못하는 분별력 없는 제사장이었다. 시력이 약해진 엘리는 기도하는 한나를 아주 형편없는 여인으로 단정한다. 영적 성숙과 능력은 영적인 것과 세속적인 것을 분별할 줄 아는 판단력을 지니고 있다. 엘리의 경우, 영적 분별력은 신앙의 연륜이나 경력과 상관이 없어 보인다. 각자 세속적인 것과 영적인 것을 분별하기 위해 필요한 것은 무엇인지 이야기를 나누어 보도록 한다. 또 어떤 부분에서 세속적인 것과 영적인 것이 분별이 안 되는지도 이야기해 보자.

3 하나님의 기억하심은 은혜를 베푸신다는 의미다. 하나님이 기억해 주시길 원하는 당신의 바람에는 무엇이 있는가?

관찰문제 5번 참고. 하나님은 '대단한 기억력'을 가지신 분이다. 하나님이 언약이나 언약의 상대를 기억하실 때 새로운 시작과 축복이 가능해진다(cf. 창 8:1; 19:29; 30:22). 구약에서는 하나님이 사람의 기도에 응답하시며 특별한 은총을 베푸시는 일을 '하나님이 그를 기억하신다'로 표현한다. 하나님이 한나를 기억하시니 한나가 슬픔과 괴로움의 나날들을 잊게 된 것이다. 이처럼 하나님의 기억력은 우리의 아픈 기억을 과거라는 모래에 묻어버린다. 한나가 여호와께 간구하여 사무엘을 얻은 것처럼, 이스라엘도 여호와께 간구하면 침울하고 어두운

미래가 화창한 봄날과 같이 밝아질 것이다. 우리의 삶도 마찬가지이다. 당면한 어두움을 물리칠 수 있는 유일한 길은 하나님의 자비롭고 도우시는 빛이다. 그 빛을 간절히 구해야 한다. 각자 하나님이 기억해 주시길 바라는 것은 무엇인지 이야기를 나누어 보도록 한다. 한나의 경우처럼, 하나님의 기억하심으로 응답되기를 간절히 기도하는 시간을 갖도록 한다.

Ⅵ. 마무리

기도로 마무리한다.
제2주 관찰문제를 예습해 오도록 한다.
실천과제를 제시한다.

생활의 아로마(실천)

예 1) 영적인 것과 세속적인 것을 구별할 수 있는 민감함을 갖는다.

2) 타인이 자신의 문제를 교정해 줄 때 받아들일 수 있는 자세를 갖는다.

제2주 잘못된 훈육

사무엘상 2:18-36

학습목표

1. 잘못된 자녀교육은 하나님의 언약에서 제외될 수 있다는 사실을 알 수 있다.

KEYWORD **훈육, 책임, 심판**

Ⅰ. 찬양과 기도

Ⅱ. 지난주 실천과제 나눔

Ⅲ. 복습문제 풀이

 **복습**

1 하나님이 한나를 생각하시니 어떤 일이 일어났는가?(1:20)
한나가 임신하여 아들을 낳았다.

Ⅳ. 말씀 사무엘상 2:18-36을 다 함께 읽는다

2:18 사무엘은 어렸을 때에 세마포 에봇을 입고 여호와 앞에서 섬겼더라 19 그의 어머
니가 매년 드리는 제사를 드리러 그의 남편과 함께 올라갈 때마다 작은 겉옷을 지어

다가 그에게 주었더니 [20] 엘리가 엘가나와 그의 아내에게 축복하여 이르되 여호와께
서 이 여인으로 말미암아 네게 다른 후사를 주사 이가 여호와께 간구하여 얻어 바친
아들을 대신하게 하시기를 원하노라 하였더니 그들이 자기 집으로 돌아가매 [21] 여호와
께서 한나를 돌보시사 그로 하여금 임신하여 세 아들과 두 딸을 낳게 하셨고 아이 사
무엘은 여호와 앞에서 자라니라 [22] 엘리가 매우 늙었더니 그의 아들들이 온 이스라엘
에게 행한 모든 일과 회막 문에서 수종 드는 여인들과 동침하였음을 듣고 [23] 그들에게
이르되 너희가 어찌하여 이런 일을 하느냐 내가 너희의 악행을 이 모든 백성에게서 듣
노라 [24] 내 아들들아 그리하지 말라 내게 들리는 소문이 좋지 아니하니라 너희가 여호
와의 백성으로 범죄하게 하는도다 [25] 사람이 사람에게 범죄하면 하나님이 심판하시려
니와 만일 사람이 여호와께 범죄하면 누가 그를 위하여 간구하겠느냐 하되 그들이 자
기 아버지의 말을 듣지 아니하였으니 이는 여호와께서 그들을 죽이기로 뜻하셨음이더
라 [26] 아이 사무엘이 점점 자라매 여호와와 사람들에게 은총을 더욱 받더라 [27] 하나님
의 사람이 엘리에게 와서 그에게 이르되 여호와의 말씀에 너희 조상의 집이 애굽에서
바로의 집에 속하였을 때에 내가 그들에게 나타나지 아니하였느냐 [28] 이스라엘 모든
지파 중에서 내가 그를 택하여 내 제사장으로 삼아 그가 내 제단에 올라 분향하며 내
앞에서 에봇을 입게 하지 아니하였느냐 이스라엘 자손이 드리는 모든 화제를 내가 네
조상의 집에 주지 아니하였느냐 [29] 너희는 어찌하여 내가 내 처소에서 명령한 내 제물
과 예물을 밟으며 네 아들들을 나보다 더 중히 여겨 내 백성 이스라엘이 드리는 가장
좋은 것으로 너희들을 살지게 하느냐 [30] 그러므로 이스라엘의 하나님 나 여호와가 말
하노라 내가 전에 네 집과 네 조상의 집이 내 앞에 영원히 행하리라 하였으나 이제 나
여호와가 말하노니 결단코 그렇게 하지 아니하리라 나를 존중히 여기는 자를 내가 존
중히 여기고 나를 멸시하는 자를 내가 경멸하리라 [31] 보라 내가 네 팔과 네 조상의 집
팔을 끊어 네 집에 노인이 하나도 없게 하는 날이 이를지라 [32] 이스라엘에게 모든 복
을 내리는 중에 너는 내 처소의 환난을 볼 것이요 네 집에 영원토록 노인이 없을 것이
며 [33] 내 제단에서 내가 끊어 버리지 아니할 네 사람이 네 눈을 쇠잔하게 하고 네 마음
을 슬프게 할 것이요 네 집에서 출산되는 모든 자가 젊어서 죽으리라 [34] 네 두 아들 홉
니와 비느하스가 한 날에 죽으리니 그 둘이 당할 그 일이 네게 표징이 되리라 [35] 내가
나를 위하여 충실한 제사장을 일으키리니 그 사람은 내 마음, 내 뜻대로 행할 것이라
내가 그를 위하여 견고한 집을 세우리니 그가 나의 기름 부음을 받은 자 앞에서 영구
히 행하리라 [36] 그리고 네 집에 남은 사람이 각기 와서 은 한 조각과 떡 한 덩이를 위

하여 그에게 엎드려 이르되 청하노니 내게 제사장의 직분 하나를 맡겨 내게 떡 조각을 먹게 하소서 하리라 하셨다 하니라

V. 관찰문제의 바른 답

말씀 돋보기(관찰)

1 한나가 여호와께 서원한 대로 사무엘에 대한 약속을 지키자 어떤 복이 임했는가?(2:21)

여호와께서 한나에게 세 아들과 두 딸을 낳게 하셨다.

한나가 여호와께 서원한 대로 사무엘에 대한 약속을 지키자 다섯 배의 자녀 축복(3남 2녀)이 임했다(21절; cf. 시 127:3). 한나에게 임한 자녀의 복은 절대적인 여호와의 주권 행사였음을 강조한다. '여호와께서 한나를 돌보시사'에 사용되는 히브리어 동사는 대개 여호와께서 심판을 목적으로 인간을 찾아오시는 것을 뜻한다. 그러나 본문은 한나에게 자비를 베풀기 위해 찾아오셨다. 한나의 사례는 특별한 것으로 이스라엘에서 보편화할 수 없는 사례이다.

2 엘리 제사장은 죄를 범한 아들들을 어떻게 훈계했는가?(2:23-25)

엘리 제사장은 말로만 훈계했다.

엘리가 아들들을 책망하며 한 말은 "사람이 사람에게 범죄하면 하나님이 심판하시려니와 만일 사람이 여호와께 범죄하면 누가 그를 위하여 간구하겠느냐"(25절)이다. '중재하다/간구하다'라는 단어가 반복 사용됨으로 사람이 다른 사람에게 죄를 지으면 하나님이 중재하시지만 하나님께 죄를 지으면 아무도 하나님과 인간 사이를 중재할 수 없음을 강조하고 있다. 이스라엘 종교를 대표하는 엘리가 자식들이 죽을 죄를 짓고 있는 것을 알았으면, 그들을 죽이지는 않더라도 **최소한 제사장 일을 할 수 없도**

록 조치를 취했어야 했다. 그러나 엘리는 공과 사를 구분하지 못하고 말로만 아들들을 책망하는데 그쳤다.

3 엘리의 아들들과 달리 사무엘은 어떻게 성장했는가?(2:26)

여호와와 사람들에게 은총을 받으며 성장했다.

아이 사무엘은 갈수록 깊은 죄의 구덩이로 내려가는 엘리의 아들들과 달리 "점점 자라매 여호와와 사람들에게 은총"을 받는다. 어릴 때부터 하나님과 사람들에게 인정을 받고 자라는 모습이 마치 예수님의 어린 시절을 보는 듯하다. "예수는 지혜와 키가 자라가며 하나님과 사람에게 더욱 사랑스러워 가시더라"(눅 2:52).

4 하나님이 제거하실 엘리 집안의 세 가지 특권은 무엇인가?(2:28)

a) 하나님의 제단에 올라가는 것

b) 분향하는 것

c) 에봇을 입는 것

하나님은 집안을 경건하게 가꾸지 못했을 뿐만 아니라 성전에서 제사장 직분을 죄짓는 면허증으로 사용한 엘리 집안에 벌을 내리실 것이다. 그러나 벌을 내리기 전에 그들이 누렸던 특권을 제거하겠다고 하신다. 제사장의 특권은 세 가지로 정의한다. (1) 하나님의 제단에 올라가는 것, (2) 분향하는 것, (3) 에봇을 입는 것. 이것들은 제사를 인도하는 제사장의 모습을 묘사한다. 엘리의 아들들이 자신의 잇속이나 챙기는 직업으로 만들어버린 제사장직은 하나님이 이 집안에만 내려 주신 특권이었다. 실제로 제사장은 아무나 될 수 있는 것이 아니라 레위 지파 중에서도 아론의 후손만 될 수 있었다. 제사장직은 직무가 아니라 특권이었다. 그런데 이들은 그 특권을 하나님께 죄를 범하는데 사용했으니 하나님이 특권을 제거하시는 것은 당연한 일이다.

5 하나님의 사람이 엘리에게 선포한 내용 중 가장 충격적인 심판 내용

은 무엇이며, 이유는 무엇인가?(2:30)

내용: 하나님이 엘리의 조상과 맺으신 '영원한 언약'을 깨겠다.

이유: 여호와는 자신을 멸시하는 자를 멸시하고 자신을 존중하는 자를 존중하는 분이기 때문이다.

선지자가 나타나 엘리에게 선포한 말씀 중 가장 충격적인 내용은 하나님이 엘리의 조상과 맺은 '영원한 언약'을 깨시겠다는 선언이다. "네 조상의 집이 내 앞에 영원히 행하리라 하였으나…그렇게 하지 아니하리라"(30절). 지난 몇백 년 동안 엘리의 조상이 천직으로 알았던 직업을 하루 아침에 앗아갈 것이다.

선지자는 엘리 집안이 왜 심판을 받아야 하는지 정확한 이유를 밝힌다. 여호와는 자신을 멸시하는 자를 멸시하고 자신을 존중하는 자를 존중하는 분이다(30절). 즉, 엘리와 아들들이 여호와를 멸시했다는 뜻이다.

VI. 적용과 나눔

삶의 내비게이션(적용)

1 엘리는 자식들의 죄를 알고도 조치를 취하지 않았다. 당신이 어린 시절에 받은 훈계의 경험 혹은 훈계를 한 경험은 무엇이었는가?

관찰문제 2번 참고. 이스라엘 종교를 대표하는 엘리가 자식들이 죽을 죄를 짓고 있는 것을 알고 있었다면 그들을 죽이지는 않더라도 최소한 제사장 일을 할 수 없도록 조치를 취했어야 했다. 그러나 엘리는 말로만 아들들을 책망함으로 또 다른 죄를 범하게 되었다. 신명기 21:18-21은 부모의 훈계를 귀담아듣지 않는 자식은 끌고 가 온 백성 앞에서 재판하고 죄가 밝혀지면 처형하라고 한다. 엘리는 이 율법을 이행하지 않은 것이다. 이 같은 엘리의 행동은 여호와보다 자식들을 더 소중히 여긴 것으로, 심판을 받게 된다. 각자 어린 시절에 받은 훈계의 경험을 나누어 보도록 한다. "바늘도둑이 소도둑이 된다"는 속담처럼, 부모님의 작은 돈에 손을 댔다가 크게 혼난 경험이 있을 수 있다. 부모님이 소중히 여기는 물건을 깨뜨리거나 잃어버려서 문밖으로 쫓겨난 경험이 있을 수 있다. 만약 구성원이 부모일 경우에는 훈계를 받은 경험과 한 경험을 함께 이야기해 볼 수 있다. 부모님의 이러한 훈계를 받았는데 나도 같은 방법으로 훈계를 하고 있다든가, 그 훈계가 너무 싫어서 본인은 절대로 하지 않는다는 이야기를 나눌 수 있다. 인도자는 훈계의 필요성에 대해 말해 보는 것으로 마무리해도 좋다. 또한 훈계의 목적은 처벌이 아니라 잘못된 행동의 수정에 있다는 사실을 모두 알도록 돕는다.

2 내가 확실히 가졌다고 생각하지만 영원한 것은 없다. 당신이 영원히 소유했다고 착각하는 것은 무엇인가?

관찰문제 4번, 5번 참고. 출애굽 이후 지금까지 여호와는 아론의 후손인 엘리 집안이 성전에서 섬길 수 있는 축복을 주셨지만, 엘리와 아들들의 죄로 말미암아 영원할 것 같은 언약이 깨어진다. 엘리 집안에 무서운 심판이 임한 이유는 엘리와 아들들이 여호와를 멸시했기 때문이다. 우리가 영원히 소유했다고 생각하는 것 중에 영원한 것은 없다. 교회, 가족, 재산, 건강, 부부관계, 하나님과의 관계도 엘리의 가족과 같이 한 번에 잃을 수 있다. 각자 영원히 소유했다고 착각하고 있는 것은 무엇인지 이야기를 나누어 보도록 한다. 영원히 소유했다고 생각하는 것 중에 잃을까 봐 두려운 것은 무엇인지 한 가지씩 이야기해 보도록 한다.

3 신앙의 바람직한 성장은 '나와 하나님의 관계'뿐만 아니라 '나와 사람들의 관계'가 잘 이루어질 때 균형 있는 모습으로 자랄 수 있다. 당신에게 균형을 위해 필요한 것은 무엇인가?

관찰문제 3번 참고. 사무엘은 어릴 때부터 하나님과 사람들에게 인정을 받고 자랐다. 하나님께 은총을 받은 사람이 사람에게도 은총을 받는 것은 당연하다. 그러나 우리 주변에는 하나님께 은총을 받았다면서 사람들에게는 오히려 눈총을 받는 신앙인들이 많다. 신앙의 바람직한 성장은 하나님과 관계뿐만 아니라 사람과 관계도 균형 있는 모습이다. 각자 균형을 위해 필요한 것은 무엇인지 이야기를 나누어 보도록 한다.

사람과 관계는 좋은데 하나님과 관계가 좋지 않다.

하나님과 관계는 좋은데 사람과 관계는 좋지 않다.

하나님과 관계도 안 좋고, 사람과 관계도 안 좋다.

그 균형에 대해 이야기를 나누어 보도록 한다. 십자가의 수직적 사랑(하나님과 관계)과 수평적 사랑(사람과 관계)의 균형이 어떤 부분으로 치우치고 있는가 말해 보도록 한다.

Ⅶ. 마무리

기노도 마무리한다.
제3주 관찰문제를 예습해 오도록 한다.
실천과제를 제시한다.

생활의 아로마(실천)

예 1) 생각만 하지 말고 행동 교정에 들어가야 할 것이 무엇인지 찾고 수정하도록 한다.

제3주 여호와의 한 수

사무엘상 5:1–12

학습목표

1. 우리의 실패가 곧 하나님의 실패를 의미하는 것이 아님을 알 수 있다.

KEYWORD **우상, 능력, 미련함**

Ⅰ. 찬양과 기도

Ⅱ. 지난주 실천과제 나눔

Ⅲ. 복습문제 풀이

복습

1 하나님의 사람이 엘리에게 선포한 내용 중 가장 충격적인 심판 내용과 이유는 각각 무엇인가?(2:30)

내용: 하나님이 엘리의 조상과 맺은 '영원한 언약'을 깨겠다.

이유: 여호와는 자신을 멸시하는 자를 멸시하고 자신을 존중하는 자를 존중하는 분이기 때문에

Ⅳ. 말씀 사무엘상 5:1-12을 다 함께 읽는다

5:1 블레셋 사람들이 하나님의 궤를 빼앗아 가지고 에벤에셀에서부터 아스돗에 이르니
라 2 블레셋 사람들이 하나님의 궤를 가지고 다곤의 신전에 들어가서 다곤 곁에 두었
더니 3 아스돗 사람들이 이튿날 일찍이 일어나 본즉 다곤이 여호와의 궤 앞에서 엎드
러져 그 얼굴이 땅에 닿았는지라 그들이 다곤을 일으켜 다시 그 자리에 세웠더니 4 그
이튿날 아침에 그들이 일찍이 일어나 본즉 다곤이 여호와의 궤 앞에서 또다시 엎드러
져 얼굴이 땅에 닿았고 그 머리와 두 손목은 끊어져 문지방에 있고 다곤의 몸뚱이만
남았더라 5 그러므로 다곤의 제사장들이나 다곤의 신전에 들어가는 자는 오늘까지 아
스돗에 있는 다곤의 문지방을 밟지 아니하더라 6 여호와의 손이 아스돗 사람에게 엄
중히 더하사 독한 종기의 재앙으로 아스돗과 그 지역을 쳐서 망하게 하니 7 아스돗 사
람들이 이를 보고 이르되 이스라엘 신의 궤를 우리와 함께 있지 못하게 할지라 그의
손이 우리와 우리 신 다곤을 친다 하고 8 이에 사람을 보내어 블레셋 사람들의 모든
방백을 모으고 이르되 우리가 이스라엘 신의 궤를 어찌하랴 하니 그들이 대답하되 이
스라엘 신의 궤를 가드로 옮겨 가라 하므로 이스라엘 신의 궤를 옮겨 갔더니 9 그것을
옮겨 간 후에 여호와의 손이 심히 큰 환난을 그 성읍에 더하사 성읍 사람들의 작은 자
와 큰 자를 다 쳐서 독한 종기가 나게 하신지라 10 이에 그들이 하나님의 궤를 에그론
으로 보내니라 하나님의 궤가 에그론에 이른즉 에그론 사람이 부르짖어 이르되 그들
이 이스라엘 신의 궤를 우리에게로 가져다가 우리와 우리 백성을 죽이려 한다 하고 11
이에 사람을 보내어 블레셋 모든 방백을 모으고 이르되 이스라엘 신의 궤를 보내어 그
있던 곳으로 돌아가게 하고 우리와 우리 백성이 죽임 당함을 면하게 하자 하니 이는
온 성읍이 사망의 환난을 당함이라 거기서 하나님의 손이 엄중하시므로 12 죽지 아니
한 사람들은 독한 종기로 치심을 당해 성읍의 부르짖음이 하늘에 사무쳤더라

건너뛴 장 내용 요약

3장- 사무엘의 선지적 소명
4장- 패배한 이스라엘

말씀 돋보기(관찰)

1 블레셋 사람들은 하나님의 궤를 빼앗아 어떻게 했는가?(5:2)

다곤의 신전 다곤 곁에 두었다.

고대 근동의 전쟁 관습에 따르면, 전쟁에서 승리자는 패배자의 신의 형상을 자신이 섬기는 신의 신전에 안치시켰다. 패배자의 신이 승리자의 신의 지휘 아래 놓임을 의미했다. 또는 승리자의 신이 패배자의 신의 힘을 흡수하여 더 강해진다고 믿었다. 가나안에 정착하기 시작한 블레셋 사람들은 아스돗 등과 함께 다곤을 주요 신으로 숭배했다. 다곤은 물고기 형상의 곡물 신이었다.

2 다곤 신전에서 벌어진 일은 무엇인가?(5:3-5)

첫째 날: 다곤이 여호와 앞에 경배하듯 엎드러져 있었다.

둘째 날: 다곤이 또다시 엎드러져 있을 뿐만 아니라 이번에는 목과 두 손목이 부러져 있었다.

다곤 신전에 여호와의 법궤를 안치한 다음날 블레셋 사람들이 다곤 신전에 들어가 보니 다곤이 여호와 앞에 경배하듯 엎드러져 있었다(3절). 이는 다곤이 여호와 앞에 굴복한 것을 상징하는 모습이었다. 그러나 그들은 이 일을 우연으로 생각하고 다곤을 일으켜 세웠다.

다음 날 가보니 다곤이 또다시 엎드러져 있을 뿐만 아니라 이번에는 아예 목과 두 손목이 부러져 있었다(4절). 머리와 손이 전쟁의 승리를 상징하는 전리품으로 취급되었기 때문에, 승자는 패자의 머리와 손을 잘라 모으곤 했다(삼상 17:54; 31:9). 이틀 전만 해도 승리자로 보였던 다곤이 어제는 여호와의 경배자가 되었다가 오늘은 여호와의 희생 제물이 되었음을 의미한다.

3 여호와의 궤 앞에 다곤의 모습으로 새롭게 생긴 블레셋 전통은 무엇인가?(5:5)

다곤의 문지방을 밟지 않는 것을 하나의 전통으로 만들었다.

흉측하게 내팽개쳐진 다곤의 모습은 신전에서 새로운 전통을 시작하는 계기가 되었다. 그의 머리와 두 손목이 문지방에 나뒹구는 것에 영감을 얻어 다곤의 제사장이나 경배자는 신전의 문지방을 밟지 않는 것을 하나의 전통으로 만들었다. 여호와의 능력을 체험했으면 다곤을 버리고 여호와를 섬기는 것이 당연한 일이나, 그들은 오히려 더 굳건하게 다곤을 숭배했다.

4 여호와 궤가 옮겨간 블레셋의 아스돗과 가드는 어떻게 되었는가?(5:6, 9)

독한 종기와 전염병이 나돌았다.

여호와의 심판이 다곤에게만 국한되지 않고 다곤을 섬기던 블레셋 사람들에게도 임했다. 먼저 아스돗 사람들 사이에 독한 종기가 전염병으로 나돌았다(6절). 견디다 못한 아스돗 사람들은 여호와의 궤를 가드로 옮겼다(8절). 가드로 옮겨진 여호와의 궤는 그 성읍을 악성 종기로 쳤다. "여호와의 손이 엄중히 더하사"(6절; cf. 7, 9, 11절)는 블레셋 사람들이 당하는 모든 고통이 하나님의 손으로부터 온 것임을 강조한다.

5 에그론 사람들이 법궤가 오는 것을 반대하자 블레셋 방백들이 세운 대책은 무엇인가?(5:11-12)

여호와의 법궤를 원래 있던 곳(이스라엘 땅)으로 돌려보내기로 했다.

여호와의 법궤에 대한 소문이 벌써 에그론 사람들에게도 들렸기에 법궤가 에그론에 오는 것을 필사적으로 반대했다(10절). 가는 곳마다 죽음과 고통을 초래하는 공포의 법궤를 누가 원하겠는가. 결국 블레셋의 지혜 있는 자들이 모여 여호와의 법궤를 원래 있던 곳(이스라엘 땅)으로 돌려

보내기로 뜻을 모았다(11–12절).

Ⅵ. 적용과 나눔

삶의 내비게이션(적용)

1 다곤 신전에서는 문지방을 밟으면 안 되는 엉뚱한 전통이 생겼다. 당신이 알고 있는 지역이나 집안의 특이한 전통이나 관습은 무엇이 있는가?

관찰문제 3번 참고. 흉측하게 내팽개쳐진 다곤의 모습은 엉뚱하게 신전의 새로운 전통을 만드는 계기가 되었다. 참으로 어리석고 기가 막힌 일이다. 여호와의 능력을 체험했으면 다곤을 버리고 여호와를 섬기는 것이 당연할 것 같으나, 오히려 더 굳건하게 다곤을 숭배했다. 이렇듯 영적 세상이란 이성과 지성만으로 결코 설명할 수 없는 부분이 너무 많은 게 아닐까 싶다. 각자 알고 있는 집안이나 지역의 특이한 전통이나 관습에 대해 이야기를 나누어 보도록 한다. 단, 이성과 지성으로 정확하게 설명할 수 없는 부분이므로 이런 것이 있다는 정도로 말해 보도록 한다.

2 이스라엘은 블레셋에 패배했지만 '여호와의 손'은 블레셋에서도 능력을 발휘하신다. 당신이 경험하고 싶은 '여호와의 손'의 능력은 무엇인가?

관찰문제 2번, 4번 참고. 여호와의 손이 계속 강조되고 있다(6, 7, 9, 11절). 보이지 않는 여호와의 손은 능력을 상징하며, 보이면서도 아무것도 못하는 다곤과 극명한 대조를 이룬다. 각자 경험하고 싶은 '여호와의 손'에 대해 이야기를 나누어 보자. 하나님의 능력이 나타났으면 좋겠다는 것은 무엇인지 말해 보도록 한다.

3 당신이 의지하는 것(다곤 신처럼 보이고 만져지는 것) 중에 하나님을 온전히 의지하는데 걸림돌이 되는 것은 무엇인가?

관찰문제 2번 참고. 다곤 신전의 일을 통해 보이는 손이 얼마나 능력이 없고, 보이지 않는 여호와의 손은 능력이 있는지 알 수 있다. 그러나 우리가 의지하는 것은 대체로 보이고 만져지는 것이다. 정작 의지해야 할 것은 보이지 않고 만져지지 않는 여호와의 손인데도, 다만 보이지 않는다는 이유로 의지하는 것을 피한다. 이사야 선지자도 "여호와의 손이 짧아 구원하지 못하심도 아니요 귀가 둔하여 듣지 못하심도 아니라"(사 59:1)고 말씀하신다. 우리는 여호와의 손이 분명 능력의 손임을 알면서도 보이지 않는다는 이유로 불신한다. 각자 보이고 만져지는 것 중에 하나님을 온전히 의지하는데 걸림돌이 되는 것은 무엇인지 이야기를 나누어 보도록 한다.

예) 힘, 스펙, 미모, 집안, 학벌 등

Ⅶ. 마무리

기도로 마무리한다.

제4주 관찰문제를 예습해 오도록 한다.

실천과제를 제시한다.

생활의 아로마(실천)

예 1) 하나님보다 더 의지하는 것을 찾아보고 놓아보도록 노력한다.

제4주 남들처럼!

사무엘상 8:1–22

학습목표

1. 남처럼 되는 것이 반드시 하나님이 원하는 일이 아닐 수 있음을 안다.

KEYWORD **유행, 왕권, 경고**

Ⅰ. 찬양과 기도

Ⅱ. 지난주 실천과제 나눔

Ⅲ. 복습문제 풀이

 복습

1 다곤 신전에서 벌어진 일은 무엇인가?(5:3–5)

첫째 날: 다곤이 여호와 앞에 경배하듯 엎드러져 있었다.

둘째 날: 다곤이 또다시 엎드러져 있을 뿐만 아니라 이번에는 목과 두 손목이 부러져 있었다.

Ⅳ. 말씀 사무엘상 8:1–22을 다 함께 읽는다

8:1 사무엘이 늙으매 그의 아들들을 이스라엘 사사로 삼으니 2 장자의 이름은 요엘이

요 차자의 이름은 아비야라 그들이 브엘세바에서 사사가 되니라 [3] 그의 아들들이 자
기 아버지의 행위를 따르지 아니하고 이익을 따라 뇌물을 받고 판결을 굽게 하니라 [4]
이스라엘 모든 장로가 모여 라마에 있는 사무엘에게 나아가서 [5] 그에게 이르되 보소
서 당신은 늙고 당신의 아들들은 당신의 행위를 따르지 아니하니 모든 나라와 같이 우
리에게 왕을 세워 우리를 다스리게 하소서 한지라 [6] 우리에게 왕을 주어 우리를 다스
리게 하라 했을 때에 사무엘이 그것을 기뻐하지 아니하여 여호와께 기도하매 [7] 여호와
께서 사무엘에게 이르시되 백성이 네게 한 말을 다 들으라 이는 그들이 너를 버림이
아니요 나를 버려 자기들의 왕이 되지 못하게 함이니라 [8] 내가 그들을 애굽에서 인도
하여 낸 날부터 오늘까지 그들이 모든 행사로 나를 버리고 다른 신들을 섬김 같이 네
게도 그리하는도다 [9] 그러므로 그들의 말을 듣되 너는 그들에게 엄히 경고하고 그들
을 다스릴 왕의 제도를 가르치라 [10] 사무엘이 왕을 요구하는 백성에게 여호와의 모든
말씀을 말하여 [11] 이르되 너희를 다스릴 왕의 제도는 이러하니라 그가 너희 아들들을
데려다가 그의 병거와 말을 어거하게 하리니 그들이 그 병거 앞에서 달릴 것이며 [12]
그가 또 너희의 아들들을 천부장과 오십부장을 삼을 것이며 자기 밭을 갈게 하고 자기
추수를 하게 할 것이며 자기 무기와 병거의 장비도 만들게 할 것이며 [13] 그가 또 너희
의 딸들을 데려다가 향료 만드는 자와 요리하는 자와 떡 굽는 자로 삼을 것이며 [14] 그
가 또 너희의 밭과 포도원과 감람원에서 제일 좋은 것을 가져다가 자기의 신하들에게
줄 것이며 [15] 그가 또 너희의 곡식과 포도원 소산의 십일조를 거두어 자기의 관리와
신하에게 줄 것이며 [16] 그가 또 너희의 노비와 가장 아름다운 소년과 나귀들을 끌어다
가 자기 일을 시킬 것이며 [17] 너희의 양 떼의 십분의 일을 거두어 가리니 너희가 그의
종이 될 것이라 [18] 그 날에 너희는 너희가 택한 왕으로 말미암아 부르짖되 그 날에 여
호와께서 너희에게 응답하지 아니하시리라 하니 [19] 백성이 사무엘의 말 듣기를 거절하
여 이르되 아니로소이다 우리도 우리 왕이 있어야 하리니 [20] 우리도 다른 나라들 같이
되어 우리의 왕이 우리를 다스리며 우리 앞에 나가서 우리의 싸움을 싸워야 할 것이니
이다 하는지라 [21] 사무엘이 백성의 말을 다 듣고 여호와께 아뢰매 [22] 여호와께서 사무
엘에게 이르시되 그들의 말을 들어 왕을 세우라 하시니 사무엘이 이스라엘 사람들에
게 이르되 너희는 각기 성읍으로 돌아가라 하니라

건너뛴 장 내용 요약

6장– 승리한 법궤의 귀향

V. 관찰문제의 바른 답

말씀 돋보기(관찰)

1 이스라엘 모든 장로는 왜 왕이 필요하다고 하는가?(8:3–5)

a) 사무엘의 아들들이 잘못되었으니 대신해서 이스라엘을 통치할 왕이 필요해서

b) 이스라엘에 왕을 세워 '모든 나라와 같이 되기' 위해서

이스라엘 모든 장로가 왕을 요구하면서 제시하는 정당한 이유는 두 가지이다. 첫째, 사무엘의 아들들이 잘못되었으니 대신해서 이스라엘을 통치할 왕을 달라고 했다. 사무엘의 두 아들은 아버지의 훌륭한 리더십과는 매우 다른 리더십을 보여주었다. 아버지처럼 정의롭거나 공정하지 못했고 뇌물을 수수하는 등 온갖 비리를 저질렀다(3절). 둘째, 백성은 사무엘에게 이스라엘에 왕을 세워 '모든 나라와 같이 되게 해 달라'고 했다(4–5절). 백성은 이스라엘의 근본(신정→왕정)을 바꾸기를 원한다. 이스라엘은 모세율법을 통해 하나님과 언약을 맺고 거룩해졌다. 즉 여호와가 다른 신들과 같지 않은 것처럼 이스라엘도 다른 나라들과 달라야 한다는 것이 언약의 기본 사상이다. 그런데 이제 와서 다른 나라와 같아지기를 원하는 것은 시내 산 언약의 골자를 거부하는 반역 행위인 것이다.

이 과정에서 장로들은 사무엘의 후계자로 이스라엘 사사인 아들들에게 불만을 표시하며 사무엘의 통치를 거부한다.

2 하나님은 신정정치에서 왕정정치를 희망하는 이스라엘에게 어떻게 응답하셨는가?(8:7–9)

왕을 허락하셨다.

왕을 세워 달라는 백성의 말에 마음이 상한 사무엘이 여호와께 '어떻게

할까요?'라며 기도했다(6절). 여호와께서는 사무엘에게 '왕을 허락하라'고 하셨다(7-9절). 그러나 하나님이 왕권을 축복으로 주신 것이 아니라 마지못해 양보하신 것으로 표현한다. 이스라엘 역사에 가장 커다란 영향을 미칠 제도가 하나님의 축복이 아닌 그분의 마지못한 양해로 시작된다는 것은 앞으로 이 제도가 이스라엘에게 어떤 영향을 미칠 것인지 경고하는 듯하다.

3 이스라엘 백성의 왕권 요구에 대한 하나님의 우려는 무엇인가?(8:7b-8)

이스라엘이 왕을 원하는 것은 곧 하나님을 버리고 우상을 찾는 것과 크게 다를 바가 없다.

이스라엘이 왕을 요구하는 것은 정치적 문제가 아니라 신학적 문제라는 점이 하나님의 첫 번째 우려다. 왕권은 사무엘의 통치에 대한 불만이 아니라 하나님을 거부하는 행위라는 것이다(7b절). 왕권 요구에 대한 하나님의 두 번째 우려는 이스라엘의 이 같은 요구가 돌발 상황에서 비롯된 것이 아니라 오랜 반역의 역사를 반영한다는 사실이다(8절; cf. 시 106:7ff.). 하나님이 보실 때 이스라엘은 처음(종살이하던 이집트에서 떠나올 때)부터 본능적으로 하나님을 버리고 이방 신을 따르려 하는 타성에 빠져 있었으며, 이렇게 왕을 요구하는 것은 이런 타성의 당연한 표현이다. 이스라엘이 왕을 원하는 것은 곧 하나님을 버리고 우상을 찾는 것과 크게 다를 바가 없다는 것이 하나님의 선언이다.

4 사무엘은 왕권 제도에 대해 무엇을 경고하는가?(8:11, 13, 14, 16)

왕이 끊임없이 백성들로부터 '취할 것/빼앗을 것'을 경고

사무엘은 왕에 대한 가장 기본 그림을 '취하는 자'로 본다. 왕이 세금, 압수, 징병 등을 통해 끊임없이 백성들로부터 '취할 것/빼앗을 것'을 경고한다. 심지어 '너희의 밭과 포도원과 감람원에서 제일 좋은 것을 가져다가 자기의 신하들에게 줄'뿐만 아니라 '너희의 곡식과 포도원 소산의 십

일조를 거두어 자기의 관리와 신하에게 줄 것'까지 경고한다(14–15절).

5 사무엘의 경고에도 불구하고 백성은 무엇을 요구했는가?(8:19–20)
다른 나라들과 같이 되기 위해 왕이 필요하다.

왕을 세우면 결국 노예 생활로 되돌아가는 것이라는 사무엘의 경고에도 이스라엘의 장로들은 왕을 고집했다. "우리도 다른 나라들 같이 되게 하소서"(20절; cf. 5절). 이 말은 하나님과 언약 관계를 거부하는 발언이다. 그다음 그들은 왕을 바라는 진짜 이유를 드러낸다. "왕은 우리 앞에 나가서 우리의 싸움을 싸워야 할 것이니이다"(20절). 이들의 발언은 자신의 재산과 평안을 위해 왕정 제도를 이용하겠다는 의미를 초월해 하나님을 이스라엘의 군대장으로 모시지 않겠다는 의지의 표현이다.

Ⅵ. 적용과 나눔

삶의 내비게이션(적용)

1 당신은 '남들이 다'하니까 했거나, 해보고 싶은 것에는 무엇이 있는가?
관찰문제 1번 참고. 이스라엘은 '부르짖음–하나님의 응답'이라는 언약 요소가 효율적으로 작동하는 이상적인 언약 공동체의 모습을 갖추고 있다. 그러나 이스라엘은 '남들처럼' 되기 위해 다른 원리를 원한다. 이미 그들은 제도화된 지도력이 약속하는 듯한 안정과 평안에 매료되어 어떤 원리와 이론으로 설득할 수 없는 상태에 이르렀다. 우리도 다 알고 있으면서 '남들이 다하는 것'이기 때문에 하는 일이 무엇인지 이야기를 나누어 보도록 한다. 예를 들면 친구들이 다 담배를 피우니까 나도 피운다, 친구들이 다 보니까 나도 야동을 본다, 옆집이 ***을 사니까 나도 ***을 산다 등을 들 수 있다. 또한 해보고 싶은 것은 무엇이 있는지 이야기를 나누어 보도록 한다.

2 당신이 지금 누군가에게 강력히 요구하는 것이나 간절히 원하는 것

은 무엇인가?

관찰문제 5번 참고. 이스라엘 장로들은 왕을 세우면 노예생활로 돌아간다는 사무엘의 경고에도 왕을 강력하게 요청한다. 이것은 이스라엘 사람들의 이해 관계와 욕망이 빚어낸 일로 볼 수 있다. 실제로 우리도 욕망과 야심에 사로잡히면 쉽게 그 야망의 노예가 된다. 이러한 형편에 이르면 추구하는 것을 가질 때까지 어떠한 논리와 원리도 귀에 들어오지 않는다. 오직 이루고야 말겠다는 욕구만이 남는다. 각자 누군가에게 강력히 요구하고 있는 것 또는 간절히 원하는 것은 무엇인가 이야기를 나누어 보도록 한다. 왜 요구하는지, 왜 간절히 원하는지에 대해 말해 보도록 한다. 과연 그 요구가 타당한지에 대해서도 생각해 보는 시간을 갖도록 한다.

3 당신은 자녀들에게 무엇을 물려주고 싶은가?

관찰문제 1번 참고. 사무엘의 아들들은 아버지의 행위를 따르지 않고 이익을 따라 뇌물을 받고 판결을 굽게 했다. 사사기에는 한 사사가 죽거나 자리에서 물러나면 아들/후손에게 사사 자리를 물려준 예가 없다. 사사는 하나님이 필요에 따라 세우기 때문이다. 그런데 사무엘 집안의 이야기는 사사의 권력이 왕권처럼 아버지에서 아들에게 계승되는 면모를 보여준다. 사무엘이 오랜 세월 동안 다스리다가 아들들에게 권력을 넘겨준 뒤에 이런 일이 벌어졌다는 사실은 '절대 권력은 절대적으로 썩는다' 혹은 '어느 권력이라도 오래가면 썩는다'는 옛말이 실감난다. 사무엘은 아들들에게 사명과 책임감을 물려주었으면 좋았을 것을 권력과 권한을 세습해서 문제가 생긴 것이다. 각자 자녀들에게 무엇을 물려주고 싶은지 이야기를 나누어 보도록 한다. 학생이나 미혼일 경우, 미래의 자녀에게 남기고 싶은 것을 이야기하면서 자신의 신앙을 돌아보는 시간을 가진다.

Ⅶ. 마무리

기도로 마무리한다.
제5주 관찰문제를 예습해 오도록 한다.
실천과제를 제시한다.

생활의 아로마(실천)

예 1) 무엇을 사거나 결정할 때 ‘남들이 다하는 것’이기에 하는 것인지 아니면 진정으로 필요해서 하는 것인지 한 번 더 생각해 본다.

제5주 첫 왕의 임명

사무엘상 10:1–27

학습목표

1. 하나님이 세우신 왕도 모든 사람의 지지를 받는 것이 아님을 알 수 있다.

KEYWORD **증표, 임명, 반대**

Ⅰ. 찬양과 기도

Ⅱ. 지난주 실천과제 나눔

Ⅲ. 복습문제 풀이

복습

1 이스라엘 모든 장로는 왜 왕이 필요하다고 말하는가?(8:3–5)

a) 사무엘의 아들들이 잘못되었으니 대신해서 이스라엘을 통치할 왕이 필요해서

b) 이스라엘에 왕을 세워 '모든 나라와 같이 되기' 위해서

Ⅳ. 말씀 사무엘상 10:1–27을 다 함께 읽는다

10:1 이에 사무엘이 기름병을 가져다가 사울의 머리에 붓고 입맞추며 이르되 여호와께

서 네게 기름을 부으사 그의 기업의 지도자로 삼지 아니하셨느냐 [2] 네가 오늘 나를 떠
나가다가 베냐민 경계 셀사에 있는 라헬의 묘실 곁에서 두 사람을 만나리니 그들이 네
게 이르기를 네가 찾으러 갔던 암나귀들을 찾은지라 네 아버지가 암나귀들의 염려는
놓았으나 너희로 말미암아 걱정하여 이르되 내 아들을 위하여 어찌하리요 하더라 할
것이요 [3] 네가 거기서 더 나아가서 다볼 상수리나무에 이르면 거기서 하나님을 뵈오
려고 벧엘로 올라가는 세 사람을 만나리니 한 사람은 염소 새끼 셋을 이끌었고 한 사
람은 떡 세 덩이를 가졌고 한 사람은 포도주 한 가죽부대를 가진 자라 [4] 그들이 네게
문안하고 떡 두 덩이를 주겠고 너는 그의 손에서 받으리라 [5] 그 후에 네가 하나님의
산에 이르리니 그 곳에는 블레셋 사람들의 영문이 있느니라 네가 그리로 가서 그 성
읍으로 들어갈 때에 선지자의 무리가 산당에서부터 비파와 소고와 저와 수금을 앞세
우고 예언하며 내려오는 것을 만날 것이요 [6] 네게는 여호와의 영이 크게 임하리니 너
도 그들과 함께 예언을 하고 변하여 새 사람이 되리라 [7] 이 징조가 네게 임하거든 너
는 기회를 따라 행하라 하나님이 너와 함께 하시느니라 [8] 너는 나보다 앞서 길갈로 내
려가라 내가 네게로 내려가서 번제와 화목제를 드리리니 내가 네게 가서 네가 행할 것
을 가르칠 때까지 칠 일 동안 기다리라 [9] 그가 사무엘에게서 떠나려고 몸을 돌이킬 때
에 하나님이 새 마음을 주셨고 그 날 그 징조도 다 응하니라 [10] 그들이 산에 이를 때에
선지자의 무리가 그를 영접하고 하나님의 영이 사울에게 크게 임하므로 그가 그들 중
에서 예언을 하니 [11] 전에 사울을 알던 모든 사람들이 사울이 선지자들과 함께 예언함
을 보고 서로 이르되 기스의 아들에게 무슨 일이 일어났느냐 사울도 선지자들 중에 있
느냐 하고 [12] 그 곳의 어떤 사람은 말하여 이르되 그들의 아버지가 누구냐 한지라 그
러므로 속담이 되어 이르되 사울도 선지자들 중에 있느냐 하더라 [13] 사울이 예언하기
를 마치고 산당으로 가니라 [14] 사울의 숙부가 사울과 그의 사환에게 이르되 너희가 어
디로 갔더냐 사울이 이르되 암나귀들을 찾다가 찾지 못하므로 사무엘에게 갔었나이다
하니 [15] 사울의 숙부가 이르되 청하노니 사무엘이 너희에게 이른 말을 내게 말하라 하
니라 [16] 사울이 그의 숙부에게 말하되 그가 암나귀들을 찾았다고 우리에게 분명히 말
하더이다 하고 사무엘이 말하던 나라의 일은 말하지 아니하니라 [17] 사무엘이 백성을
미스바로 불러 여호와 앞에 모으고 [18] 이스라엘 자손에게 이르되 이스라엘 하나님 여
호와께서 이같이 말씀하시기를 내가 이스라엘을 애굽에서 인도하여 내고 너희를 애굽
인의 손과 너희를 압제하는 모든 나라의 손에서 건져내었느니라 하셨거늘 [19] 너희는
너희를 모든 재난과 고통 중에서 친히 구원하여 내신 너희의 하나님을 오늘 버리고 이

르기를 우리 위에 왕을 세우라 하는도다 그런즉 이제 너희의 지파대로 천 명씩 여호와
앞에 나아오라 하고 [20] 사무엘이 이에 이스라엘 모든 지파를 가까이 오게 하였더니 베
냐민 지파가 뽑혔고 [21] 베냐민 지파를 그들의 가족별로 가까이 오게 하였더니 마드리
의 가족이 뽑혔고 그 중에서 기스의 아들 사울이 뽑혔으나 그를 찾아도 찾지 못한지라
[22] 그러므로 그들이 또 여호와께 묻되 그 사람이 여기 왔나이까 여호와께서 대답하시
되 그가 짐보따리들 사이에 숨었느니라 하셨더라 [23] 그들이 달려 가서 거기서 그를 데
려오매 그가 백성 중에 서니 다른 사람보다 어깨 위만큼 컸더라 [24] 사무엘이 모든 백
성에게 이르되 너희는 여호와께서 택하신 자를 보느냐 모든 백성 중에 짝할 이가 없느
니라 하니 모든 백성이 왕의 만세를 외쳐 부르니라 [25] 사무엘이 나라의 제도를 백성에
게 말하고 책에 기록하여 여호와 앞에 두고 모든 백성을 각기 집으로 보내매 [26] 사울
도 기브아 자기 집으로 갈 때에 마음이 하나님께 감동된 유력한 자들과 함께 갔느니라
[27] 어떤 불량배는 이르되 이 사람이 어떻게 우리를 구원하겠느냐 하고 멸시하며 예물
을 바치지 아니하였으나 그는 잠잠하였더라

건너뛴 장 내용 요약

9장– 사울이 선택됨

V. 관찰문제의 바른 답

말씀 돋보기(관찰)

1 사사 사무엘이 왕이 될 사울에게 기름을 붓는 행위는 어떤 의미가 있는가?(10:1)

여호와의 권위를 위임하는 것을 상징한다.

사무엘은 사울의 머리에 기름을 붓고 이스라엘 왕으로 임명했다. 구약에서 기름을 붓는 행위는 여호와의 권위를 위임하는 것을 상징한다. 본문에서 사무엘이 사울에게 기름을 붓기 전까지 구약에서 유일하게 기름 부음을 받는 대상은 제사장들과 성막과 성막 도구들에 불과했다. 이 상황

에서 사울이 기름 부음을 받는다는 것은 이제 시작하는 왕정 제도가 제사장 제도처럼 하나님께로부터 유래한 거룩한 제도임을 말해 준다.

2 사울이 하나님 뜻을 확인할 세 가지 증표는 무엇인가?(10:2-6)

a) 사울은 돌아가는 길에 라헬의 묘 옆에서 나귀를 찾았다는 소식을 전하는 사람들을 만날 것이다.

b) 사울이 다볼 상수리 나무에 이르면 벧엘로 예배드리러 올라가는 세 사람이 빵 두 덩이를 줄 것이다.

c) 사울은 영을 받아 예언하고 변하여 새 사람이 될 것이다.

첫 번째 증표로, 사울은 돌아가는 길에 라헬의 묘 옆에서 나귀를 찾았다는 소식을 전하는 사람들을 만날 것이다(2절). 베냐민 지파 사람인 사울에게 라헬은 조상이 되는데, 이는 베냐민 지파의 가문의 영광을 의미한다.

두 번째 증표로, 사울이 다볼 상수리 나무에 이르면 벧엘로 예배드리러 올라가는 세 사람이 빵 두 덩이를 줄 것이다(3-4절). 다볼은 여선지자 드보라와 사사 바락이 가나안 왕 야빈의 장군 시스라와 군대를 대파한 곳이다(cf. 삿 4장). 이는 드보라의 통치권과 연결해서 판결을 의미한다.

세 번째 증표로, 사울은 영을 받아 예언하고 변하여 새 사람이 될 것이다(5-6절). 하나님이 리더십에게 은혜를 베푸신 것을 의미한다.

3 이스라엘이 왕을 세우는 것은 무엇을 의미인가?(10:18-19)

하나님의 통치를 거부하는 행위

사무엘은 미스바 모임의 개회사에서 왕을 세우는 것은 하나님의 통치를 거부하는 행위라고 못 박았다(17-19b절). 사무엘은 백성에게 출애굽부터 지금까지 이스라엘을 보호하고 인도하신 하나님의 은혜를 회상하도록 했다(18절). 그런데도 왕을 요구하는 백성의 처사는 심각한 범죄라는 것이 사무엘의 논리다. 사무엘이 이스라엘의 왕을 세우는 과정에서, 선지자가 보통 심판 선언할 때 형식을 사용하는 것은 왕정 제도는 매우 위험한

모험이라는 것과 동시에, 선지자 자신의 불편한 심기를 드러내고 있다.

4 이스라엘이 왕을 뽑는 방법은 무엇이며, 선출된 사람은 어디 있었는가?(10:20-22)

제비뽑기, 짐 보따리들 사이에 숨어 있었다.

사무엘은 제비뽑기를 통해 왕이 될 사람을 찾았다. 제비뽑기는 하나님 뜻을 분별할 때 자주 사용한 수단이며, 까만 돌과 하얀 돌을 사용했을 것으로 추정한다. 제비뽑기를 통해 왕을 지명하는데 사울이 택함을 받았다(20-21절). 하나님이 사울을 '택한 것'과 백성이 하나님을 '버린 것'이 강한 대조를 보여준다. 그러나 제비뽑기를 통해 왕으로 선출된 사울이 보이지 않았다(21절). 사울은 짐 보따리들 사이에 숨어 있었다(22절). 이는 그가 이스라엘 왕이 될 자신이 없었고, 왕이 될만한 인물이 되지 못한다는 사실을 암시한다.

5 제비뽑아 왕으로 선출된 사울을 본 백성의 두 가지 반응은 무엇인가?(10:24-27)

a) "임금님 만세"를 외치며 기뻐했다.

b) 멸시하고 예물을 바치지 않았다.

마지못해 사람들에게 붙들려 나온 사울이 사람들 앞에 서자, 사람들은 그의 위압적인 용모를 보고 흥분하여 외쳤다. "임금님 만세!"(24절, 새번역) 드디어 자신들이 의지하고 따를 만한 왕이 세워졌다고 기뻐했다. 상당수의 사람은 곧바로 사울을 따랐다(26절). 그러나 모든 사람이 환영한 것은 아니었고, 여기에 대해 사울은 잠잠함으로 자기를 반대하는 사람들을 애써 무시했다(27절).

삶의 내비게이션(적용)

1 하나님은 사울을 왕으로 세우고 세 가지 증표를 주신다. 당신이 과거에 받은 증표는 있는가?

관찰문제 2번 참고. 하나님은 사울에게 하나님 뜻을 확인할 세 가지 증표를 주셨다. 우리는 그 증표가 이루어지는 것을 통해 사울이 왕으로 세워질 것을 확신한다. 우리도 사울의 경우처럼 '증표'를 확인하고 싶어한다. 각자 과거에 받은 증표가 있다면 무엇인지 이야기를 나누어 보도록 한다. 모두 증표를 받는 것이 아니기에 사울이 받았다는 것은 특별한 경우라고 볼 수 있다. 그러므로 증표를 받지 않았다고 낙심할 필요가 없고, 반면에 증표를 받았다고 그것을 악용해 미신으로 사용해서도 안 된다. 각 개인이 어떤 증표를 받았다면, 그 내용과 어떤 영향을 미쳤는지 이야기를 나누어 보도록 한다.

예) 꿈, 말씀, 기이한 현상 등

2 이스라엘은 하나님 뜻을 구할 때 제비뽑기를 했다. 당신은 결정할 일이 있을 때 어떤 방법을 사용하는가?

관찰문제 4번 참고. 제비뽑기는 하나님 뜻을 분별할 때 자주 사용한 수단이며, 까만 돌과 하얀 돌을 사용했을 것으로 추정한다. 각자 결정할 일이 있을 때 어떤 방법을 사용하는지 이야기를 나누어 보도록 한다.

예) 내 마음이 편한 대로 결정한다.
당시의 상황을 고려해서 결정한다.
하나님 말씀에 비추어서 결정한다.
신앙/인생의 선배의 조언을 듣고 결정한다.
친구의 의견을 듣고 결정한다.

그 방법이 과연 타당한 방법인지도 말해 본다.

3 하나님이 직접 사울을 왕으로 세우셨어도 반대하는 사람이 있었다. 당신도 하나님의 일을 하면서 반대를 접한 경험이 있는가? 그리고

반대에 부딪혔을 때 어떻게 해결하려고 했는가?

관찰문제 5번 참고. 하나님이 세운 사울도 반대자가 있는데, 사역하면서 반대하는 사람을 만나는 것은 어찌 보면 당연한 일이다. 각자 하나님의 일을 하면서, 교회에 다니면서 만난 반대자에 대해 이야기를 나누어 보도록 한다. 그 반대를 해결하는 방법도 다양할 것이다. 외면하는 사람, 반대하는 사람을 향해 적나라하게 비판하는 사람, 협박을 가하는 사람, 편을 만들어 서로 대응하는 사람 등이 있을 것이다. 그러나 우리는 반대하는 것이 의견에 대한 반대이지 나에 대한 반대는 아니라는 사실을 잊지 말아야 한다. 자칫 의견에 대한 반대를 나에 대한 반대로 착각해서 감정 싸움으로 번질 수 있다. 때로는 반대를 위한 반대를 만날 수도 있다. 반대에 대한 아무런 근거가 없는데도 무조건 반대를 외치는 사람들이 있다. 반대도 일을 위한 건설적인 반대를 해야 할 것이다. 각자 해결방법을 나누어 보고, 건설적 반대와 긍정적 해결방법은 무엇인지 피드백을 나누어 본다.

Ⅶ. 마무리

기도로 마무리한다.
제6주 관찰문제를 예습해 오도록 한다.
실천과제를 제시한다.

생활의 아로마(실천)

예 1) 과거에 반대를 위한 반대한 경험을 회개한다.
2) 현재 반대하고 있는 이슈가 있다면 다시 한번 점검한다.
– 이슈에 대한 반대인가? 사람에 대한 반대인가?

제6주 일하실까 하노라

사무엘상 14:1–25

학습목표

1. 믿음의 행동은 하나님의 은혜를 입을 수 있다.

KEYWORD 성전(聖戰), 믿음, 판단

Ⅰ. 찬양과 기도

Ⅱ. 지난주 실천과제 나눔

Ⅲ. 복습문제 풀이

복습

1 이스라엘이 왕을 세우는 것은 무엇을 의미하는가?(10:18–19)
하나님의 통치를 거부하는 행위

Ⅳ. 말씀 사무엘상 14:1–25을 다 함께 읽는다

14:1 하루는 사울의 아들 요나단이 자기의 무기를 든 소년에게 이르되 우리가 건너편
블레셋 사람들의 부대로 건너가자 하고 그의 아버지에게는 아뢰지 아니하였더라 2 사
울이 기브아 변두리 미그론에 있는 석류나무 아래에 머물렀고 함께 한 백성은 육백 명

가량이며 [3] 아히야는 에봇을 입고 거기 있었으니 그는 이가봇의 형제 아히둡의 아들
이요 비느하스의 손자요 실로에서 여호와의 제사장이 되었던 엘리의 증손이었더라 백
성은 요나단이 간 줄을 알지 못하니라 [4] 요나단이 블레셋 사람들에게로 건너가려 하
는 어귀 사이 이쪽에는 험한 바위가 있고 저쪽에도 험한 바위가 있는데 하나의 이름은
보세스요 하나의 이름은 세네라 [5] 한 바위는 북쪽에서 믹마스 앞에 일어섰고 하나는
남쪽에서 게바 앞에 일어섰더라 [6] 요나단이 자기의 무기를 든 소년에게 이르되 우리
가 이 할례 받지 않은 자들에게로 건너가자 여호와께서 우리를 위하여 일하실까 하노
라 여호와의 구원은 사람이 많고 적음에 달리지 아니하였느니라 [7] 무기를 든 자가 그
에게 이르되 당신의 마음에 있는 대로 다 행하여 앞서 가소서 내가 당신과 마음을 같
이 하여 따르리이다 [8] 요나단이 이르되 보라 우리가 그 사람들에게로 건너가서 그들
에게 보이리니 [9] 그들이 만일 우리에게 이르기를 우리가 너희에게로 가기를 기다리라
하면 우리는 우리가 있는 곳에 가만히 서서 그들에게로 올라가지 말 것이요 [10] 그들이
만일 말하기를 우리에게로 올라오라 하면 우리가 올라갈 것은 여호와께서 그들을 우
리 손에 넘기셨음이니 이것이 우리에게 표징이 되리라 하고 [11] 둘이 다 블레셋 사람들
에게 보이매 블레셋 사람이 이르되 보라 히브리 사람이 그들이 숨었던 구멍에서 나온
다 하고 [12] 그 부대 사람들이 요나단과 그의 무기를 든 자에게 이르되 우리에게로 올
라오라 너희에게 보여 줄 것이 있느니라 한지라 요나단이 자기의 무기를 든 자에게 이
르되 나를 따라 올라오라 여호와께서 그들을 이스라엘의 손에 넘기셨느니라 하고 [13]
요나단이 손 발로 기어 올라갔고 그 무기를 든 자도 따랐더라 블레셋 사람들이 요나단
앞에서 엎드러지매 무기를 든 자가 따라가며 죽였으니 [14] 요나단과 그 무기를 든 자
가 반나절 갈이 땅 안에서 처음으로 쳐죽인 자가 이십 명 가량이라 [15] 들에 있는 진영
과 모든 백성들이 공포에 떨었고 부대와 노략꾼들도 떨었으며 땅도 진동하였으니 이
는 큰 떨림이었더라 [16] 베냐민 기브아에 있는 사울의 파수꾼이 바라본즉 허다한 블레
셋 사람들이 무너져 이리 저리 흩어지더라 [17] 사울이 자기와 함께 한 백성에게 이르되
우리에게서 누가 나갔는지 점호하여 보라 하여 점호한즉 요나단과 그의 무기를 든 자
가 없어졌더라 [18] 사울이 아히야에게 이르되 하나님의 궤를 이리로 가져오라 하니 그
때에 하나님의 궤가 이스라엘 자손과 함께 있음이니라 [19] 사울이 제사장에게 말할 때
에 블레셋 사람들의 진영에 소동이 점점 더한지라 사울이 제사장에게 이르되 네 손을
거두라 하고 [20] 사울과 그와 함께 한 모든 백성이 모여 전장에 가서 본즉 블레셋 사람
들이 각각 칼로 자기의 동무들을 치므로 크게 혼란하였더라 [21] 전에 블레셋 사람들과

함께 하던 히브리 사람이 사방에서 블레셋 사람들과 함께 진영에 들어왔더니 그들이 돌이켜 사울과 요나단과 함께 한 이스라엘 사람들과 합하였고 [22] 에브라임 산지에 숨었던 이스라엘 모든 사람도 블레셋 사람들이 도망함을 듣고 싸우러 나와서 그들을 추격하였더라 [23] 여호와께서 그 날에 이스라엘을 구원하시므로 전쟁이 벧아웬을 지나니라 [24] 이 날에 이스라엘 백성들이 피곤하였으니 이는 사울이 백성에게 맹세시켜 경계하여 이르기를 저녁 곧 내가 내 원수에게 보복하는 때까지 아무 음식물이든지 먹는 사람은 저주를 받을지어다 하였음이라 그러므로 모든 백성이 음식물을 맛보지 못하고 [25] 그들이 다 수풀에 들어간즉 땅에 꿀이 있더라

건너뛴 장 내용 요약

11장– 사울의 첫 번째 승리
12장– 옛 언약과 새 왕
13장– 왕으로서 버림받은 사울: 첫 번째 이야기

V. 관찰문제의 바른 답

말씀 돋보기(관찰)

1 블레셋과 대치한 사울이 있는 장소와 요나단이 있는 장소는 각각 어디인가?(14:2–4)

사울: 석류나무 아래

요나단: 블레셋 진영으로 가기 위해 보세스와 세네라는 거대한 바위에 형성된 계곡

요나단이 블레셋 진영으로 가기 위해서는 보세스와 세네라는 거대한 바위에 형성된 계곡을 지나야 했다(4절). 이 험난한 계곡을 지나는 것이 거의 불가능한 일인 것처럼 묘사하는 것은 요나단이 대단한 일을 하고 있음을 암시하고자 한다. 반면에 아버지, 사울은 석류나무 아래에 머물며 시간을 때우고 있다(2절). 매우 대조적인 모습이다.

2 블레셋으로 향하는 요나단의 신앙고백은 무엇인가?(14:6, 10, 12)

6절: 여호와께서 우리를 위하여 일하실까 하노라 여호와의 구원은 사람이 많고 적음에 달리지 아니하였느니라

10절: 여호와께서 그들을 우리 손에 넘기셨음이니

12절: 여호와께서 그들을 이스라엘의 손에 넘기셨느니라

요나단의 행동은 결코 이성적이지 않고 매우 무모해 보인다. 그러나 여호와에 대한 절대적인 믿음으로 이 일을 하고 있다는 것을 세 차례나 하나님에 대한 확신과 믿음으로 연결해 설명한다(6, 10, 12절). 특히 6절에 묘사된 신앙은 훗날 다윗이 골리앗을 대적하러 나갈 때 선언했던 고백과 비슷하다. "우리가 이 할례 받지 않은 자들에게로 건너가자 여호와께서 우리를 위하여 일하실까 하노라 여호와의 구원은 사람이 많고 적음에 달리지 아니하였느니라." "여호와께서 우리를 위하여 일하실까 하노라"는 그리 아니하실지라도 믿음으로, 강요성이 없는 여호와의 능력과 자비에 소망을 두는 것이다. 이는 하나님의 주권과 자유에 대한 요나단의 고백이다.

3 요나단의 믿음 있는 행동에 하나님은 어떻게 반응하셨는가?(14:15)

땅이 진동하고 큰 떨림이 있었다. - 성전(聖戰)으로 이끌고 가셨다.

요나단은 성전(聖戰)을 기대했고, 하나님은 기대를 저버리지 않으셨다. 15절의 상황은 성전이 갖는 특성을 그대로 지니고 있다. 적진에서 혼란이 일어났고, 이 결과 적군이 서로 죽이고 싸웠다(cf. 삿 7:22). 요나단과 소년이 칼을 휘두르자 하나님이 움직이셨다. 성전의 전형적 요소인 공포와 지진이 블레셋 사람들을 쳤다(15절). 요나단이 "주께는 군사의 수가 중요하지 않다"(6절)고 확신한 것이 현실로 드러나는 순간이다. 하나님이 스스로 돕는 요나단을 도우신 것이다.

4 요나단의 승리에 사울이 행한 세 가지 일은 무엇이며, 이를 통해 알 수 있는 사울의 문제점은 무엇인가?(14:18-19, 24-25)

a) 블레셋 진영이 큰 혼란에 빠졌는데도(이미 성전이 시작되었는데) 법궤를 찾는다.

b) 진행 중이던 예식을 그만두게 한다.

c) 전쟁 중인 군사들에게 금식을 선포한다.

문제점: 흐려진 잘못된 상황 판단력

믿음으로 행동하는 요나단과 일이 일어나면 수동적으로 반응하는 사울의 모습이 대조된다. 성전의 전형적인 모습대로 블레셋 진영의 큰 혼란이 있어 블레셋 군이 서로 죽이는 대혼란이 일어나고 있다. 여호와께서 이미 전쟁을 시작하셨기에 그분의 군대인 하나님 백성은 당연히 전쟁에 뛰어들어야 한다. 그러나 사울은 실수를 저지른다. 첫째, 하나님 말씀을 듣기 위해 법궤를 찾는다(18절). 문제는 상황이 매우 시급했고, 하나님 뜻이 무엇인지 펼쳐진 상황과 상식으로도 판단할 수 있었다는 것이다.

둘째, 사울의 실수는 한창 예식을 진행하던 제사장에게 그만두라고 하고 전쟁터로 떠난 것이다(19절). 이미 시작된 예배를 중간에 폐하고 떠난 것이다. 이스라엘 지도자로서 해서는 안 되는 일을 하고 있다.

셋째, 사울의 실수는 전쟁에 임한 군사들에게 금식을 선포하는 것이다(24절). 가뜩이나 에너지가 필요한 자들에게 허락이 있기 전에 먹으면 죽을 것이라고 선포한다. 이런 망가진 판단력으로 지금 하나님이 그분의 백성들에게 요구하시는 것보다 더 크고 무리한 것을 요구하고 있다.

이 세 가지 일은 사울의 흐려진 상황 판단력을 확연히 보여주고 있다.

5 요나단의 믿음으로 시작된 전쟁은 어떻게 마무리되는가?(14:21-23)

이스라엘의 승리로 마무리된다.

사울이 군사를 이끌고 혼란 속에 빠진 블레셋 진영을 치자, 요나단의 믿음으로 시작한 전쟁에 블레셋 사람들에게 강제로 징병을 당해 끌려왔던 히브리 사람들이 반기를 들고 사울의 군대에 합세한다(21절). 에브라임 산지에 숨어있던 이스라엘 사람도 블레셋이 패했다는 소식을 듣고 나와 싸웠다. 이런 펼쳐지는 정황을 보면서, 이 전쟁은 여호와께서 이스라엘

을 구원하기 위해 펼치신 것임을 읽어낼 수 있다.

Ⅵ. 적용과 나눔

삶의 내비게이션(적용)

1 당신은 요나단처럼 믿음으로 행동했던 경험이 있는가?

관찰문제 1번, 2번 참고. 요나단은 블레셋과 대치 상황에서 믿음으로 담대히 행동했다. 무모해 보이지만 이스라엘은 승리를 거둘 수 있었다. 각자 믿음으로 행동했던 경험을 나누어 보도록 한다. 하나님의 일을 할 때, 전도할 때, 헌금할 때 등 우리의 믿음을 행동으로 옮겼던 경험이 있을 것이다. 함께 말해 보도록 한다.

2 현재 당신의 기도가 하나님께 요구와 강요를 하는 것인가? 아니면 여호와의 능력과 자비에 소망을 두는 것인가?

관찰문제 2번 참고. 요나단의 기도는 그리 아니하실지라도 감사할 수 있는 믿음의 기도였다. 하나님께 "꼭 해주세요"하는 강요의 기도가 아닌 여호와의 능력과 자비에 소망을 두는 기도였다. 요나단은 하나님의 주권을 인정하고 고백하는 기도로 승리할 수 있었다. 각자 현재하는 기도가 하나님께 요구와 강요의 기도인지, 여호와의 능력과 자비에 소망을 두는 기도인지 이야기를 나누어 보도록 한다. 만일 어느 쪽의 기도인지 모르겠다면, 기도문을 적어 읽어보고 서로 이야기를 나누어 보는 것도 좋다. 또는 여호와의 능력과 자비에 소망을 두는 기도문을 작성해 보는 것도 좋은 방법이다.

3 사울은 예식과 형식에 치중하고, 요나단은 행동으로 옮긴다. 당신은 어디에 중점을 두는가?

관찰문제 4번 참고. 사울은 블레셋 진영의 혼란이 성전임을 알면서도 법궤를 찾아 형식적인 예식을 집행하고, 그것도 모자라 마무리하지 못했는데 중간에 멈추게 한다. 그러나 요나단은 먼저 행동으로 옮긴다. 물론 예식(형식)과 행동,

둘 다의 균형이 중요하다. 그러나 믿음은 형식에만 머무는 것이 아니라 행동으로 옮겨야 한다. 각자 예식과 형식, 행동 중 어디에 중점을 두고 있는지 이야기를 나누어 보도록 한다. 이 둘의 균형을 이루기 위해 필요한 것은 무엇인지도 말해 보도록 한다.

Ⅶ. 마무리

기도로 마무리한다.
제7주 관찰문제를 예습해 오도록 한다.
실천과제를 제시한다.

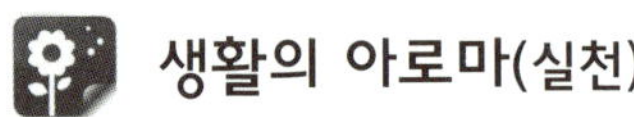

생활의 아로마(실천)

예 1) 믿음으로 행동할 것들을 찾아보고 실천에 옮긴다.

제7주 사울의 변명 시대

사무엘상 15:10-31

학습목표

1. 인간의 불순종에 하나님도 후회하신다는 것을 알 수 있다.

KEYWORD 여론, 순종, 징계

Ⅰ. 찬양과 기도

Ⅱ. 지난주 실천과제 나눔

Ⅲ. 복습문제 풀이

복습

1 블레셋으로 향하는 요나단의 신앙고백은 무엇인가?(14:6, 10, 12)

6절: 여호와께서 우리를 위하여 일하실까 하노라 여호와의 구원은 사람이 많고 적음에 달리지 아니하였느니라

10절: 여호와께서 그들을 우리 손에 넘기셨음이니

12절: 여호와께서 그들을 이스라엘의 손에 넘기셨느니라

Ⅳ. 말씀 사무엘상 15:10-31을 다 함께 읽는다

[15:10] 여호와의 말씀이 사무엘에게 임하니라 이르시되 [11] 내가 사울을 왕으로 세운 것을
후회하노니 그가 돌이켜서 나를 따르지 아니하며 내 명령을 행하지 아니하였음이니라
하신지라 사무엘이 근심하여 온 밤을 여호와께 부르짖으니라 [12] 사무엘이 사울을 만나
려고 아침에 일찍이 일어났더니 어떤 사람이 사무엘에게 말하여 이르되 사울이 갈멜
에 이르러 자기를 위하여 기념비를 세우고 발길을 돌려 길갈로 내려갔다 하는지라 [13]
사무엘이 사울에게 이른즉 사울이 그에게 이르되 원하건대 당신은 여호와께 복을 받
으소서 내가 여호와의 명령을 행하였나이다 하니 [14] 사무엘이 이르되 그러면 내 귀에
들려오는 이 양의 소리와 내게 들리는 소의 소리는 어찌 됨이니이까 하니라 [15] 사울이
이르되 그것은 무리가 아말렉 사람에게서 끌어 온 것인데 백성이 당신의 하나님 여호
와께 제사하려 하여 양들과 소들 중에서 가장 좋은 것을 남김이요 그 외의 것은 우리
가 진멸하였나이다 하는지라 [16] 사무엘이 사울에게 이르되 가만히 계시옵소서 간 밤에
여호와께서 내게 이르신 것을 왕에게 말하리이다 하니 그가 이르되 말씀하소서 [17] 사
무엘이 이르되 왕이 스스로 작게 여길 그 때에 이스라엘 지파의 머리가 되지 아니하셨
나이까 여호와께서 왕에게 기름을 부어 이스라엘 왕을 삼으시고 [18] 또 여호와께서 왕
을 길로 보내시며 이르시기를 가서 죄인 아말렉 사람을 진멸하되 다 없어지기까지 치
라 하셨거늘 [19] 어찌하여 왕이 여호와의 목소리를 청종하지 아니하고 탈취하기에만 급
하여 여호와께서 악하게 여기시는 일을 행하였나이까 [20] 사울이 사무엘에게 이르되
나는 실로 여호와의 목소리를 청종하여 여호와께서 보내신 길로 가서 아말렉 왕 아각
을 끌어 왔고 아말렉 사람들을 진멸하였으나 [21] 다만 백성이 그 마땅히 멸할 것 중에
서 가장 좋은 것으로 길갈에서 당신의 하나님 여호와께 제사하려고 양과 소를 끌어 왔
나이다 하는지라 [22] 사무엘이 이르되

여호와께서 번제와 다른 제사를
그의 목소리를 청종하는 것을
좋아하심 같이 좋아하시겠나이까
순종이 제사보다 낫고
듣는 것이 숫양의 기름보다 나으니
[23] 이는 거역하는 것은 점치는 죄와 같고
완고한 것은 사신 우상에게 절하는 죄와 같음이라

왕이 여호와의 말씀을 버렸으므로
여호와께서도 왕을 버려 왕이 되지 못하게 하셨나이다 하니
24 사울이 사무엘에게 이르되 내가 범죄하였나이다 내가 여호와의 명령과 당신의 말
씀을 어긴 것은 내가 백성을 두려워하여 그들의 말을 청종하였음이니이다 25 청하오
니 지금 내 죄를 사하고 나와 함께 돌아가서 나로 하여금 여호와께 경배하게 하소서
하니 26 사무엘이 사울에게 이르되 나는 왕과 함께 돌아가지 아니하리니 이는 왕이 여
호와의 말씀을 버렸으므로 여호와께서 왕을 버려 이스라엘 왕이 되지 못하게 하셨음
이니이다 하고 27 사무엘이 가려고 돌아설 때에 사울이 그의 겉옷자락을 붙잡으매 찢
어진지라 28 사무엘이 그에게 이르되 여호와께서 오늘 이스라엘 나라를 왕에게서 떼
어 왕보다 나은 왕의 이웃에게 주셨나이다 29 이스라엘의 지존자는 거짓이나 변개함
이 없으시니 그는 사람이 아니시므로 결코 변개하지 않으심이니이다 하니 30 사울이
이르되 내가 범죄하였을지라도 이제 청하옵나니 내 백성의 장로들 앞과 이스라엘 앞
에서 나를 높이사 나와 함께 돌아가서 내가 당신의 하나님 여호와께 경배하게 하소서
하더라 31 이에 사무엘이 돌이켜 사울을 따라가매 사울이 여호와께 경배하니라

V. 관찰문제의 바른 답

말씀 돋보기(관찰)

1 아말렉과 전쟁에 대한 하나님과 사울의 평가는 각각 무엇인가?(15:11-12)

하나님: 사울을 왕으로 세운 것을 후회하셨다.

사울: 갈멜에 자신을 위해 기념비를 세웠다.

사울은 아말렉 원정 성과에 만족하여 헤브론 남쪽 15km 떨어진 곳에 있는 갈멜에 자신을 위해 기념비를 세웠다(12절). 과거 모세도 아말렉을 물리친 것을 기념하여 하나님 앞에 제단을 쌓은 적이 있다(출 17:15-16). 그러므로 사울의 이 같은 행동은 자신을 모세에게 비교하는 교만한 행동으로 해석될 수 있다. 승리를 자축하는 사울을 바라보시는 하나님의 관점

은 완전히 달랐다. 하나님은 사울을 왕으로 세운 것을 후회하셨다(11절). 이 단어는 하나님의 계획에 차질이 생겼음을 표현하는 것이 아니라 이제 어쩔 수 없이 심판이 행해져야 하는 시점에 이른 것에 대한 하나님의 안타까움을 묘사한다.

2 사무엘이 소와 양의 소리에 대해 질문하자 사울은 어떻게 대답했는가?(15:15)

당신의 하나님 여호와께 제사하려고 가장 좋은 것을 남겼다.

사울은 "그것은 무리가 아말렉 사람에게서 끌어 온 것인데 백성이 당신의 하나님 여호와께 제사하려"고 가장 좋은 것을 남긴 것이라며 변명했다(15절). 이 발언에서 사울은 자신과 다른 사람들 사이에 거리를 두고 있다. 9절은 분명히 '사울과 백성이' 함께한 일이라고 하는데, 사울은 지금 '백성이' 한 일이라며 자신은 무관하다고 변명하고 있다. 또한 '우리의/나의' 하나님이 아니라 '당신의 하나님'으로 사무엘과 대화한다. 즉 모든 것은 '저들의 일'이지 자기와 상관없다는 것이다.

3 사무엘이 말하는 하나님이 사울을 버리신 세 가지 이유는 무엇인가?(15:17-19)

a) 하나님이 사울을 왕으로 세우실 때 보잘것없는 사람이었다.
b) 아말렉을 진멸하라는 하나님의 말씀이 있었다.
c) 사울은 자신의 직무를 유기했다- 여호와의 말씀을 듣지 않았다.

사무엘의 말은 마치 법정에서 검사가 피고에게 사실을 검증하는 것 같은 인상을 준다.

첫째, 하나님이 사울을 왕으로 세우실 때 그는 보잘것없는 사람이었다(17절). 사무엘은 사울이 누리는 권력은 스스로 겸손할 때 하나님이 주신 것임을 확인하며 매우 심한 질책을 하고 있다. 결국 사울의 권위는 사무엘이나 자신이 대표하는 백성을 떠나서 혼자 설 수 없다는 것을 확인시켜 준다.

둘째, 아말렉을 진멸하라는 하나님의 말씀이 있었다(18절; 2–3절). 그러나 사울은 아각 등을 살려둠으로 명령에 순종하지 않았다. 사울이 순종하지 않았기에 앞으로도 아말렉은 이스라엘을 계속 괴롭힐 것이다.
셋째, 사울은 자신의 직무를 유기했다(19절). 사무엘은 이스라엘 왕인 사울의 의무는 여호와의 말씀을 '순종/듣는 것'임을 강조한 바 있다(1절). 이 단락에서 사울이 여호와의 명령을 듣지 않았음을 확인한다. 사무엘은 이제 사울이 자신을 과대평가하여 누구의 말도 듣지 않고 자기 마음대로 권력을 행사하는 사람으로 변했음을 고발한다.

4 사울이 하나님께 버림받는 근본 이유는 무엇인가?(15:22–23)
불순종

사무엘은 문제의 심각성과 하나님의 심판을 시로 요약해서 선포한다. "순종이 제사보다 낫고 듣는 것이 숫양의 기름보다 낫다"라고 선포하며 사울의 근본 문제가 하나님의 말씀을 듣지/순종하지 않은데 있음을 강조한다. 사울은 정치적이거나 개인적 이유가 아니라 종교적 이유 때문에 버림받은 것이다. 그는 언약 공동체의 우두머리로서 여호와를 대신해서 공동체를 다스려야 했다. 사울은 하나님의 손에 딱 맞는 도구가 되어야 했다. 그런데 오히려 여호와를 거역하는 죄를 범했으니 이제는 아무런 가능성이 없다.

5 사울은 말씀을 선포하고 돌아가려는 사무엘에게 무엇을 요구하는가?(15:25, 30)
백성 앞에서 나를 높이고, 함께 돌아가서 여호와께 경배하게 해 달라.

사울은 회개하는 것 같지만 실제로 책임을 회피하고 있다. 사울의 행동에서 '세상의 눈'을 지나치게 의식하고 있음을 본다. 그의 근본 요구는 하나님과 관계 회복이 아니라 '백성 앞에서 나를 왕 대접해 달라'는 것이다(30절). 사울에게는 백성이 나를 어떻게 생각하느냐가 하나님이 나를 어떻게 생각하시느냐보다 중요했다. 평생 주변 사람의 시선을 의식하며 살았지, 보이지 않는 하나님과 관계는 그다지 중요하게 여기지 않았음을 알 수 있다. 결국 사울이 신앙공동체인 이스라엘 왕으로서 여호와를 두려워해야 하는데, 사람을 두려워해서 벌어진 일이다.

Ⅵ. 적용과 나눔

삶의 내비게이션(적용)

1 사울은 죄를 범하고도 하나님을 위한 것이라고 변명한다. 이와 같이 좋은 의도에서 베푼 호의가 도리어 당신에게 해가 되었거나 상처를 준 경험이 있는가?

관찰문제 2번 참고. 사울은 자신의 불순종이 얼마나 심각한 죄인지 깨닫지 못하고 도리어 하나님을 위해 가장 좋은 것을 남긴 것이라며 변명한다. 사울의 입장에서는 좋은 의도였지만 이것은 분명 범죄였다. 본인에게 해가 되며, 이스라엘 전체에 악영향을 미칠 수 있는 일이다. 그럼에도 사무엘은 이 모든 것이 '저들의 일'이지 자기와는 상관없는 일이라고 한다. 각자 좋은 의도에서 베푼 호의가 해가 되었거나 상처를 준 경험을 나누어 보도록 한다. 본인이 해를 받은 경험일 수도 있고, 본인이 좋은 의도였으나 상대방에게 상처를 준 경험일 수도 있다. 두 가지 면에서 어떤 경험이 있는지 말해 보도록 한다.

2 사울은 사무엘에게 하나님을 '당신의 하나님'이라고 칭하면서 관계를 분리한다. 당신은 관계에서 동일시하지 않고 분리하면서 대화한 적은 없는가?

관찰문제 2번 참고. 사울은 사무엘과 자신을, 백성과 자신을 분리하면서 자기를 합리화하고 있다. 우리도 관계를 분리하고 이야기를 나눌 때가 있다. 예를 들면, "당신 집안, 당신 부모, 당신 친구들은 왜 그래?"라는 발언은 갈등과 분리를 야기하고 싸움의 시발점이 된다. 각자 관계에서 동일시하지 않고 분리하면서 대화한 적은 없는지 이야기를 나누어 보도록 한다.

예) 가까운 관계, 배우자, 자녀, 친구, 동료, 주일학교 등

3 당신은 하나님의 말씀과 사람의 의견 중 어디에 더 무게를 두는가?

관찰문제 5번 참고. 사울의 치명적 약점은 백성을 두려워하여 그들의 말을 청종한 것이다. 그는 하나님의 말씀이 아니라 백성의 말을 더 선호하고 두려워해 하나님 말씀보다 사람들의 의견을 더 중시하게 되었다. 각자 본인의 생각과 행동은 누구의 의견에 영향을 받아 결정되는지 이야기를 나누어 본다. 사람들의 인기와 성령의 공통점은 '바람'과 같다. 사람들의 인기는 봄철 지나가는 바람과 같아서 잠시의 시원함과 흔적은 있으나 일시적이다. 그러나 성령의 바람은 아담의 코에 불어 넣으셨던 것처럼 생기로 우리가 의식하지 못할 수는 있으나 살리는 영이다. 각자 하나님의 말씀과 사람의 의견 중 어디에 더 무게를 두는지 이야기를 나누어 보도록 한다.

Ⅶ. 마무리

기도로 마무리한다.
제8주 관찰문제를 예습해 오도록 한다.
실천과제를 제시한다.

생활의 아로마(실천)

예 1) 나의 행동의 근거가 사람을 의식하는 것인지, 하나님을 의식하는 것인지 돌아보도록 한다.

2) 선행을 베풀 때 아무리 좋은 의도라 하더라도 먼저 상대방 입장에서 생각해 보도록 한다.

제8주 하나님의 기준

사무엘상 16:1-23

학습목표

1. 하나님의 기준은 사람의 외모가 아니라 중심에 있음을 알 수 있다.

KEYWORD **기준, 마음의 병, 힐링**

Ⅰ. 찬양과 기도

Ⅱ. 지난주 실천과제 나눔

Ⅲ. 복습문제 풀이

복습

1 아말렉과 전쟁에 대한 하나님과 사울의 평가는 각각 무엇인가?(15:11-12)

하나님: 사울을 왕으로 세운 것을 후회하셨다.

사울: 갈멜에 자신을 위해 기념비를 세웠다.

Ⅳ. 말씀 사무엘상 16:1-23을 다 함께 읽는다

16:1 여호와께서 사무엘에게 이르시되 내가 이미 사울을 버려 이스라엘 왕이 되지 못하

게 하였거늘 네가 그를 위하여 언제까지 슬퍼하겠느냐 너는 뿔에 기름을 채워 가지고
가라 내가 너를 베들레헴 사람 이새에게로 보내리니 이는 내가 그의 아들 중에서 한
왕을 보았느니라 하시는지라 2 사무엘이 이르되 내가 어찌 갈 수 있으리이까 사울이
들으면 나를 죽이리이다 하니 여호와께서 이르시되 너는 암송아지를 끌고 가서 말하
기를 내가 여호와께 제사를 드리러 왔다 하고 3 이새를 제사에 청하라 내가 네게 행할
일을 가르치리니 내가 네게 알게 하는 자에게 나를 위하여 기름을 부을지니라 4 사무
엘이 여호와의 말씀대로 행하여 베들레헴에 이르매 성읍 장로들이 떨며 그를 영접하
여 이르되 평강을 위하여 오시나이까 5 이르되 평강을 위함이니라 내가 여호와께 제
사하러 왔으니 스스로 성결하게 하고 와서 나와 함께 제사하자 하고 이새와 그의 아들
들을 성결하게 하고 제사에 청하니라 6 그들이 오매 사무엘이 엘리압을 보고 마음에
이르기를 여호와의 기름 부으실 자가 과연 주님 앞에 있도다 하였더니 7 여호와께서
사무엘에게 이르시되 그의 용모와 키를 보지 말라 내가 이미 그를 버렸노라 내가 보는
것은 사람과 같지 아니하니 사람은 외모를 보거니와 나 여호와는 중심을 보느니라 하
시더라 8 이새가 아비나답을 불러 사무엘 앞을 지나가게 하매 사무엘이 이르되 이도
여호와께서 택하지 아니하셨느니라 하니 9 이새가 삼마로 지나게 하매 사무엘이 이르
되 이도 여호와께서 택하지 아니하셨느니라 하니라 10 이새가 그의 아들 일곱을 다 사
무엘 앞으로 지나가게 하나 사무엘이 이새에게 이르되 여호와께서 이들을 택하지 아
니하셨느니라 하고 11 또 사무엘이 이새에게 이르되 네 아들들이 다 여기 있느냐 이새
가 이르되 아직 막내가 남았는데 그는 양을 지키나이다 사무엘이 이새에게 이르되 사
람을 보내어 그를 데려오라 그가 여기 오기까지는 우리가 식사 자리에 앉지 아니하겠
노라 12 이에 사람을 보내어 그를 데려오매 그의 빛이 붉고 눈이 빼어나고 얼굴이 아
름답더라 여호와께서 이르시되 이가 그니 일어나 기름을 부으라 하시는지라 13 사무엘
이 기름 뿔병을 가져다가 그의 형제 중에서 그에게 부었더니 이 날 이후로 다윗이 여
호와의 영에게 크게 감동되니라 사무엘이 떠나서 라마로 가니라 14 여호와의 영이 사
울에게서 떠나고 여호와께서 부리시는 악령이 그를 번뇌하게 한지라 15 사울의 신하들
이 그에게 이르되 보소서 하나님께서 부리시는 악령이 왕을 번뇌하게 하온즉 16 원하
건대 우리 주께서는 당신 앞에서 모시는 신하들에게 명령하여 수금을 잘 타는 사람을
구하게 하소서 하나님께서 부리시는 악령이 왕에게 이를 때에 그가 손으로 타면 왕이
나으시리이다 하는지라 17 사울이 신하에게 이르되 나를 위하여 잘 타는 사람을 구하
여 내게로 데려오라 하니 18 소년 중 한 사람이 대답하여 이르되 내가 베들레헴 사람

이새의 아들을 본즉 수금을 탈 줄 알고 용기와 무용과 구변이 있는 준수한 자라 여호
와께서 그와 함께 계시더이다 하더라 19 사울이 이에 전령들을 이새에게 보내어 이르
되 양 치는 네 아들 다윗을 내게로 보내라 하매 20 이새가 떡과 한 가죽부대의 포도주
와 염소 새끼를 나귀에 실리고 그의 아들 다윗을 시켜 사울에게 보내니 21 다윗이 사
울에게 이르러 그 앞에 모셔 서매 사울이 그를 크게 사랑하여 자기의 무기를 드는 자
로 삼고 22 또 사울이 이새에게 사람을 보내어 이르되 원하건대 다윗을 내 앞에 모셔
서게 하라 그가 내게 은총을 얻었느니라 하니라 23 하나님께서 부리시는 악령이 사울
에게 이를 때에 다윗이 수금을 들고 와서 손으로 탄즉 사울이 상쾌하여 낫고 악령이
그에게서 떠나더라

V. 관찰문제의 바른 답

말씀 돋보기(관찰)

1 사울의 눈을 피해 사무엘이 새로운 왕에게 기름 붓기 위해 취한 방법은 무엇인가?(16:2)

제사를 드리러 가는 척했다.

하나님은 슬픔에 잠긴 사무엘에게 기름을 채워 가지고 이스라엘 왕을 세우기 위해 베들레헴으로 가라고 명령하셨다. 베들레헴은 사울 통치의 중심인 북쪽 지역으로부터 벗어나 있을 뿐만 아니라 선지자 사무엘이 자주 찾던 라마-벧엘-미스바 순회 구역으로부터도 벗어나 있는 지역이다. 그러므로 하나님의 명령은 매우 큰 위험 부담을 안고 있다. 정치적 상황을 고려해 보면, 사울은 자신의 정권을 위협하는 적으로 생각할 수 있다. 하나님은 이 문제를 원만히 해결하도록 "제사를 드리러 간다"라고 하라고 말씀하신다.

2 베들레헴 장로들은 사무엘의 방문에 어떻게 반응했는가?(16:4)

장로들이 떨며 영접했다.

베들레헴 장로들은 떨며 사무엘을 맞이했다. 당시의 정서는 사무엘처럼 온 백성이 존경하는 선지자가 마을을 방문하는 일은 영광이지만, 보통 선지자의 방문은 좋은 일보다 불길한 일로 간주되었다. 게다가 베들레헴 장로들은 사무엘과 사울의 틀어진 관계를 이미 소문을 들어 알고 있었다. 또한 사무엘이 여호와의 선지자로서 왕을 세우는 자이자 폐하는 자라는 것도 알고 있었다. 이런 정황에서 사무엘이 평소에는 발걸음이 뜸하던 베들레헴에 나타났으니 정치적인 위험성을 의식하지 않을 수 없었다. 자칫 잘못하다가는 사울의 미움을 사서 온 성읍이 피해를 입을 수도 있기 때문이다.

3 사무엘이 이새와 아들들을 초청해 제사드릴 때 다윗은 무엇을 하고 있었으며, 첫인상은 어떠했는가?(16:11-12)

양을 지키고 있었다.

빛이 붉고 눈이 빼어나고 얼굴이 아름다웠다.

드디어 제사가 시작되어 이새의 일곱 아들들 모두 사무엘 앞을 지나게 했지만 하나님이 택하신 자는 찾지 못했다. '7'은 만수/완전 수이다. 사무엘이 이새의 일곱 아들을 보았다는 것은 이새가 사무엘 앞에 내놓을 만한 아들들을 모두 데려왔다는 뜻이다. 결국 사무엘은 이새가 그 자리에 올 필요가 없다고 생각되어 제사에 참석시키지도 않은 여덟째 아들이자 막내인 다윗을 불러오게 했다. 그때, 다윗은 양을 치고 있었다. 다윗이 등장하자, "그의 빛이 붉고 눈이 빼어나고 얼굴이 아름답더라"라며 용모가 어느 정도 준수했다고 밝힌다. 드디어 사무엘은 이새의 여덟째 아들 다윗에게 기름을 부어 이스라엘의 왕으로 세움으로 제사드리기 위해 베들레헴을 찾은 목적을 달성했다.

4 하나님이 부리는 악령으로 힘들어하는 사울을 위해 신하가 추천한 소년은 어떤 사람인가?(16:18)

악기에 능숙하고, 용맹스럽고, 무사이고, 지혜롭고, 잘 생겼고, 여호와가 함께 한 자

한때 사울을 사로잡았던 '여호와의 영'이 떠나고 대신 '여호와께서 부리시는 악령'이 그를 괴롭혔다. 신하들은 사울에게 '음악 치료'를 권했고, 그들의 조언대로 사람을 구하기로 결정했다. 마침 신하들이 적합한 사람도 물색해 놓은 상황이었다. 공교롭게도 그는 베들레헴에 사는 이새의 아들, 다윗이었다. 신하는 다윗을 악기에 능숙하고, 용맹스럽고, 무사이고, 지혜롭고, 잘 생겼고, 여호와가 함께한 자라고 소개를 했다(18절). 이 신하의 추천사에서 가장 중요한 포인트는 여호와께서 다윗과 함께하신다는 사실이다(18절). 이 말씀은 앞으로도 꾸준히 다윗 이야기에서 후렴처럼 반복된다.

5 다윗은 어떻게 이스라엘의 정치적 무대에 등장하는가?(16:19-20)

다윗은 사울의 심리적 병으로 이스라엘의 정치적 무대에 등장할 수 있었다.

다윗은 비공개적인 상황에서 이스라엘의 왕으로 기름 부음을 받았다. 그러나 어떤 경로를 통해 정치적 무대에 발을 내딛느냐는 과제로 남아 있었다. 다윗에게 공개적인 자리에 나설 수 있는 기회가 허락된 것은 공교롭게도 앞으로 원수가 될 사울의 심리적 병이었다. 병은 사울이 앓고, 약은 다윗이 가지고 있는데, 다윗이 수금을 타면 사울은 회복되었다.

악령에 시달리던 사울은 즉시 베들레헴에 사람을 보내 다윗을 불렀다. 왕궁에 도착한 다윗은 곧바로 사울의 마음을 사로잡았다. 사울은 다윗을 자신의 병기든 자(영광스러운 자리)로 삼으며 옆에 두었다. 다윗은 사울의 궁에 침입한 것이 아니라 왕의 초청을 받고 온 것이다.

Ⅵ. 적용과 나눔

삶의 내비게이션(적용)

1 사무엘은 엘리압의 외모에 기름 부음을 받을 자라고 당연히 생각했지만 하나님은 아니라고 하신다. 하나님은 사람의 중심을 보시는 분

이다. 당신은 사람의 외모와 중심 중 어디를 보는가?

관찰문제 3번 참고. 사무엘은 이새의 큰 아들 엘리압이 들어올 때 외모에 반해 '과연 여호와의 기름 부으실 자가 그 앞에 있도다!'하고 감탄했다. 엘리압의 압도적인 용모는 사울을 연상시킨다(10:23). 그러나 하나님은 아니라고 하신다. 사무엘은 아직도 외모를 보고 사람을 평가하지만 여호와께서는 마음을 보셨다. 사무엘이 기름부은 다윗은, 사무엘이 청한 제사에도 참석하지 못하고 홀로 양을 지키던 어린 목동이었다. 하나님은 이런 다윗을 택하심으로 사람들의 기대와 기준을 철저하게 벗어나고 있다. 각자 사람의 외모와 중심 중 어디를 보는지 이야기를 나누어 보도록 한다. 외모는 보이지만 중심은 볼 수 없기에 사람은 보이는 것에 집중하게 되는데, 그 이유도 서로 말해 보도록 한다.

2 신하들이 소개한 다윗의 장점은 '악기에 능숙하고, 용맹스럽고, 무사이고, 지혜롭고, 잘 생겼고, 여호와가 함께한 자'였다. 당신은 이 중 어떤 장점을 가지고 있는가? 가지고 싶다면 어떤 부분을 가지고 싶은가?

관찰문제 4번 참고. 사울의 신하가 소개한 다윗의 장점을 하나하나 나열해 보고, 각자 그중 어떤 장점을 가지고 있는지 이야기를 나누어본다.

악기에 능숙– 잘하는 특기를 가지고 있다.

용맹– 일을 대처할 때 용감하게 솔선수범한다.

무사– 옳은 일에 대처를 잘한다.

지혜– 지혜롭게 행동한다.

외모– 잘 생겼다/예쁘다.

여호와와 함께한 자– 하나님을 사모하는 믿음 좋은 신앙인이다.

가지고 싶은 것은 어떤 것인지도 서로 이야기를 나누어 보도록 한다.

3 사울은 자신이 앓고 있는 병에 음악 치료를 선택한 것은 현명한 대처이다. 당신도 혹시 심리적으로 치료해야 하는 부분이 있는가?

관찰문제 4번, 5번 참고. 우리는 심리적인 병은 숨기고 죄악시하는 경향이 있다. 그러나 물리적이고 육체적인 질병만 병원에 가는 것이 아니라 호르몬이나 정신적인 영향으로도 병원에 갈 수 있다. 몸이 감기를 앓듯이 마음도 감기를 앓

을 수 있다. 몸의 병이든 마음의 병이든 치료하는 것은 수치스럽거나 잘못된 것이 아니다. 각자 심리적으로 힘들어하는 부분이나 건강해야 하는 부분에 대해 이야기를 나누어 보도록 한다. 인도자는 각자의 예민한 부분이므로 억지로 이야기하게 지명하지 말고, 정신적 질병에 대한 고백으로 심각한 분위기로 흘러가 어두워지지 않도록 유의한다. 만일 아무도 이야기하는 사람이 없다면 주변에 마음의 감기로 고생하는 사람들과 치료방법에 대해 이야기를 나누는 것도 좋다.

Ⅶ. 마무리

기도로 마무리한다.
제9주 관찰문제를 예습해 오도록 한다.
실천과제를 제시한다.

생활의 아로마(실천)

예 1) 외모에 투자하는 시간을 줄이고, 중심을 바로잡는데 시간을 투자해 본다.

제9주 개죽음 당한 용사

사무엘상 17:41–54

학습목표

1. 전쟁은 군사 수와 무기에 있는 것이 아니라 여호와께 있음을 알 수 있다.

KEYWORD **구원, 명예, 성전(聖戰)**

Ⅰ. 찬양과 기도

Ⅱ. 지난주 실천과제 나눔

Ⅲ. 복습문제 풀이

복습

1 사무엘이 이새와 아들들을 초청해 제사드릴 때 다윗은 무엇을 하고 있었으며, 첫인상은 어떠했는가?(16:11–12)

양을 지키고 있었다.

빛이 붉고 눈이 빼어나고 얼굴이 아름다웠다.

Ⅳ. 말씀 사무엘상 17:41–54을 다 함께 읽는다

17:41 블레셋 사람이 방패 든 사람을 앞세우고 다윗에게로 점점 가까이 나아가니라 42

그 블레셋 사람이 둘러보다가 다윗을 보고 업신여기니 이는 그가 젊고 붉고 용모가 아
름다움이라 43 블레셋 사람이 다윗에게 이르되 네가 나를 개로 여기고 막대기를 가지
고 내게 나아왔느냐 하고 그의 신들의 이름으로 다윗을 저주하고 44 그 블레셋 사람이
또 다윗에게 이르되 내게로 오라 내가 네 살을 공중의 새들과 들짐승들에게 주리라 하
는지라 45 다윗이 블레셋 사람에게 이르되 너는 칼과 창과 단창으로 내게 나아 오거니
와 나는 만군의 여호와의 이름 곧 네가 모욕하는 이스라엘 군대의 하나님의 이름으로
네게 나아가노라 46 오늘 여호와께서 너를 내 손에 넘기시리니 내가 너를 쳐서 네 목
을 베고 블레셋 군대의 시체를 오늘 공중의 새와 땅의 들짐승에게 주어 온 땅으로 이
스라엘에 하나님이 계신 줄 알게 하겠고 47 또 여호와의 구원하심이 칼과 창에 있지
아니함을 이 무리에게 알게 하리라 전쟁은 여호와께 속한 것인즉 그가 너희를 우리 손
에 넘기시리라 48 블레셋 사람이 일어나 다윗에게로 마주 가까이 올 때에 다윗이 블레
셋 사람을 향하여 빨리 달리며 49 손을 주머니에 넣어 돌을 가지고 물매로 던져 블레
셋 사람의 이마를 치매 돌이 그의 이마에 박히니 땅에 엎드러지니라 50 다윗이 이같이
물매와 돌로 블레셋 사람을 이기고 그를 쳐죽였으나 자기 손에는 칼이 없었더라 51 다
윗이 달려가서 블레셋 사람을 밟고 그의 칼을 그 칼 집에서 빼내어 그 칼로 그를 죽이
고 그의 머리를 베니 블레셋 사람들이 자기 용사의 죽음을 보고 도망하는지라 52 이스
라엘과 유다 사람들이 일어나서 소리 지르며 블레셋 사람들을 쫓아 가이와 에그론 성
문까지 이르렀고 블레셋 사람들의 부상자들은 사아라임 가는 길에서부터 가드와 에
그론까지 엎드러졌더라 53 이스라엘 자손이 블레셋 사람들을 쫓다가 돌아와서 그들의
진영을 노략하였고 54 다윗은 그 블레셋 사람의 머리를 예루살렘으로 가져가고 갑주
는 자기 장막에 두니라

V. 관찰문제의 바른 답

말씀 돋보기(관찰)

1 블레셋 사람 골리앗이 보기에 다윗의 모습은 어떠했는가?(17:42)

업신여김– 젊고, 붉고, 용모가 아름다움

골리앗의 눈에 비친 다윗의 모습은 결코 용사의 모습이 아니었다. 용사이기에는 너무 곱고 어렸다(42절). 골리앗 입장에서는 기가 막힌 일이었다. 지난 40일 동안 이스라엘 군이 준비했던 상대가 고작 곱상하게 생긴 소년이었으니 말이다. 반면 골리앗의 키가 6규빗 한 뼘(285m)이나 되었고(4절), 그가 입은 갑옷의 무게만도 5,000세겔(57kg)에 달했다(5절). 이런 골리앗의 신체적 조건은 누구에게나 공포감을 조성할 만했다.

2 다윗이 골리앗을 대항하기 위해 갖고 나온 무기는 무엇인가?(17:43, 49)

막대기, 물매와 돌

골리앗은 외쳤다. "네가 나를 개로 여기고 막대기를 가지고 내게 나아왔느냐?"(43절) 그는 다윗의 막대기만 보고 자신이 한 말의 의미를 몰랐다. 다윗의 진짜 무기인 물매를 의식하지 못했던 것이다. 성경에는 물매가 능숙한 자의 손에 주어지면 무시무시한 무기로 변하는 것을 볼 수 있다. 사사기 20:16에 베냐민 지파 군대는 한때 700명의 왼손잡이 돌팔매질하는 자들을 포함하고 있었으며, 이들은 "무릿매로 돌을 던져 머리카락도 빗나가지 않고 맞히는 사람들이었다"(새번역; cf. 대상 12:2). 다윗의 손에 쥐어진 물매는 가장 예리한 살상 무기에 속한 것이다.

3 다윗이 골리앗을 향해 외친 말은 무엇인가?(17:45-47)

"너는 칼과 창과 단창으로 내게 나아 오거니와 나는 만군의 여호와의 이름 곧 네가 모욕하는 이스라엘 군대의 하나님의 이름으로 네게 나아가노라 오늘 여호와께서 너를 내 손에 넘기시리니 내가 너를 쳐서 네 목을 베고 블레셋 군대의 시체를 오늘 공중의 새와 땅의 들짐승에게 주어 온 땅으로 이스라엘에 하나님이 계신 줄 알게 하겠고 또 여호와의 구원하심이 칼과 창에 있지 아니함을 이 무리에게 알게 하리라 전쟁은 여호와께 속한 것인즉 그가 너희를 우리 손에 넘기시리라."

다윗도 되받아 외쳤다. "너는 칼과 창과 단창으로 내게 나아 오거니와 나

는 만군의 여호와의 이름 곧 네가 모욕하는 이스라엘 군대의 하나님의 이름으로 네게 나아가노라…여호와의 구원하심이 칼과 창에 있지 아니함을 이 무리로 알게 하리라 전쟁은 여호와께 속한 것인즉 그가 너희를 우리 손에 넘기시리라"(45-47절). 즉 골리앗은 인간의 최신예 무기를 가지고 싸우러 나왔지만, 다윗은 여호와의 이름으로 대적하겠다는 것이다. 다윗의 선언은 이스라엘과 원수 국가들의 갈등에 있어서 이스라엘이 어떻게 나아가야 하는지 보여주기도 한다. 다윗의 발언은 이스라엘 하나님 여호와께서 자신의 군대의 명예를 회복하실 것을 암시하는 말이다. 그는 여호와에 대한 신앙을 철저히 고백하고 있다. 다윗의 선언은 믿음에 대한 가장 인상적이고 기념비적인 구약의 선언문 중 하나이다. 성경에 기록된 말씀 중 가장 많이 기억되고 성전(聖戰)의 원리에 대해 가장 확실하게 가르쳐 주는 의미심장한 구절에 속한다.

4 당대 최고의 용사 골리앗과 무명의 목자 다윗의 결투는 어떻게 마무리되었으며, 이것이 의미하는 바는 무엇인가?(17:49-51)

다윗의 승리

다윗의 승리는 온 세상이 지켜보는 가운데 하나님이 자신의 영광을 드러내시는 것을 의미

일단 싸움이 시작되자 골리앗은 칼 한 번 휘둘러 보지 못하고 시체가 되어 땅에 뒹굴렀다. 가장 좋은 갑옷과 무기로 무장한 골리앗도 하나님에 대한 믿음으로 무장한 다윗 앞에서는 힘 한 번 써 보지 못하고 패했다. 다윗이 골리앗을 물리치고 영웅이 된 데는 하나님의 명예에 대한 열정과 하나님이 보호하리라는 확고한 믿음, 이 두 가지 요인이 작용했다.

다윗 승리의 의미는 단순히 이스라엘의 구원이나 블레셋 사람의 패배에 있지 않다. 그 승리는 온 세상이 지켜보는 가운데 하나님이 자신의 영광을 드러내신 것에 있다. 어린 다윗이 하나님만 의지하고 거인 골리앗을 이긴 일은 여호와께서 이스라엘과 언약을 맺으시고 이스라엘을 구원하시는 분이란 것을 온 세상에 알리는 사건이 되었다. 성경은 이 일을 통해 다윗이 이처럼 여호와에 대한 확고한 신앙을 소유한 자였기에 진정으로 이스라엘 왕이 될 수 있는 자격을 소유하고 있음을 확인하고 있다.

5 이스라엘은 어떻게 승리했는가?(17:52-54)

도망가는 블레셋 사람들을 뒤쫓아가 제거했다.

블레셋이 자랑하던 최고의 장군이 눈앞에서 칼 한 번 제대로 휘둘러 보지 못하고 어린 목동의 손에 죽자, 블레셋 군인들은 도망치기 시작했다. 이제 이스라엘에게 남은 일은 이들을 뒤쫓아가 제거하는 것이다. 또한 다윗은 블레셋 사람의 머리를 예루살렘으로 가지고 갔다(54절).

다윗의 승리는 이스라엘 구원이나 패배에 있지 않고 온 세상이 지켜보는 가운데 하나님이 자신의 영광을 드러내신 것에 의미가 있다. 또한 이것은 여호와와 다곤의 싸움이다. 옛날에 하나님의 법궤 앞에서 다곤의 목이 잘려 나갔듯이, 다곤의 용사 골리앗이 하나님의 용사 다윗에 의해 목이 잘려 나갔다.

Ⅵ. 적용과 나눔

삶의 내비게이션(적용)

1 다윗이 불가능한 존재를 만나 싸워야 했듯이, 당신이 골리앗 같은 존재와 싸워야 했던 경험은 무엇이 있는가?

관찰문제 1번, 2번, 3번, 4번 참고. 골리앗은 누구에게나 공포감을 조성할 만한 신체적 조건을 가지고 있었다. 그러나 다윗은 젊고, 붉고, 무기 또한 변변치 못했다. 그는 가장 간편하고 가장 자신 있는 차림인 목동의 모습으로 싸우러 나갔다. 외모상으로는 골리앗의 승리가 확실해 보이나 다윗의 옷차림은 최고의 민첩성과 기동성을 주었고, 결국 움직임이 둔한 골리앗에게 가장 효과적인 무기였다. 다윗에게는 싸우기에 버거운 적(Too big to fight)이 아니라 맞추지 못하기에는 너무 큰 과녁이었다(Too big to miss). 여기에 여호와의 이름으로 나가는 다윗의 신앙은 가장 기념비적인 믿음의 스피치였다. 각자 싸워야 했던/경쟁

해야 하는 골리앗과 같은 존재를 경험한 이야기를 나누어 보도록 한다. 대기업과 소기업의 분쟁일 수도 있고, 대학생과 초등학생의 경쟁일 수도 있다. 신앙의 대선배와 새신자와의 대면일 수도 있다. 각자의 경험을 나누어 보도록 한다.

2 골리앗은 최신예 무기(칼, 창, 단창)를 들고 나왔다. 당신 주변 사람은 어떤 무기를 내세우고 있는가? 당신의 무기는 무엇인가?

관찰문제 3번 참고. 골리앗은 칼과 창과 단창을 갖고 나왔다. 물론 엄청난 무게의 갑옷도 입었다. 각자 주변 사람이 내세우는 무기에는 무엇이 있는지 나누어 본다.

예) 미모, 스펙, 금수저, S라인과 王자 복근, 집안, 배경, 학벌, 명예, 물질 등

자신의 무기는 무엇인지도 말해 보도록 한다.

마지막으로 무기로 갖고 싶은 것은 어떤 것인지 서로 이야기해 보도록 한다. 인도자는 진정한 무기는 '하나님을 의지하는 것'이라는 사실을 깨닫도록 돕는다.

3 다윗의 승리 요인은 하나님의 명예에 대한 열정과 하나님이 보호하리라는 확고한 믿음, 이 두 가지였다. 현재 최소한 하나님의 명예를 지켜드릴 수 있는 것은 무엇인가?

관찰문제 4번 참고. 하나님의 명예에 대한 열정은 다윗의 책임이었으며, 하나님이 보호하리라는 확고한 다윗의 믿음은 다윗의 신변에 대한 하나님의 책임이었다. 우리의 책임인 하나님의 명예를 지켜드리면 하나님은 우리를 보호하고 높이는 보상을 주실 것이다. 각자 생활 속에서 하나님의 명예를 지켜드릴 수 있는 것은 무엇이 있는가 이야기를 나누어 보도록 한다. 교회와 목사를 무조건 비판하는 자리에서 동조하지 않고, 묵인하지 않는 것도 하나님의 명예를 지켜드리는 한 방편일 것이다. 하나님의 명예를 지켜드릴 수 있는 상황과 행동에 대해 말해 보자. 그리스도인이라고 하면서 거짓말을 일삼거나, 직분자라고 하면서 자신의 이익을 위해 교회에 출석하는 것은 하나님의 명예를 위한 것이라 할 수 없다. 각자의 이야기를 나누어 보도록 한다.

Ⅶ. 마무리

기도로 마무리한다.
제10주 관찰문제를 예습해 오도록 한다.
실천과제를 제시한다.

 생활의 아로마(실천)

예 1) 사무엘상 17:47을 적고 묵상하고 외우도록 한다.

제10주 도망자 다윗

사무엘상 21:1–15

학습목표

1. 사람이 율법을 위해 있는 것이 아니라 율법이 사람을 위해 있음을 알 수 있다.

KEYWORD **도피, 두려움, 진설병**

Ⅰ. 찬양과 기도

Ⅱ. 지난주 실천과제 나눔

Ⅲ. 복습문제 풀이

복습

1 다윗이 골리앗을 향해 외친 말은 무엇인가?(17:45–47)

"너는 칼과 창과 단창으로 내게 나아 오거니와 나는 만군의 여호와의 이름 곧 네가 모욕하는 이스라엘 군대의 하나님의 이름으로 네게 나아가노라 오늘 여호와께서 너를 내 손에 넘기시리니 내가 너를 쳐서 네 목을 베고 블레셋 군대의 시체를 오늘 공중의 새와 땅의 들짐승에게 주어 온 땅으로 이스라엘에 하나님이 계신 줄 알게 하겠고 또 여호와의 구원하심이 칼과 창에 있지 아니함을 이 무리에게 알게 하리라 전쟁은 여호와께 속한 것인즉 그가 너희를 우리 손에 넘기시리라."

Ⅳ. 말씀 사무엘상 21:1-15을 다 함께 읽는다

21:1 다윗이 놉에 가서 제사장 아히멜렉에게 이르니 아히멜렉이 떨며 다윗을 영접하여
그에게 이르되 어찌하여 네가 홀로 있고 함께 하는 자가 아무도 없느냐 하니 2 다윗
이 제사장 아히멜렉에게 이르되 왕이 내게 일을 명령하고 이르시기를 내가 너를 보내
는 것과 네게 명령한 일은 아무것도 사람에게 알리지 말라 하시기로 내가 나의 소년
들을 이러이러한 곳으로 오라고 말하였나이다 3 이제 당신의 수중에 무엇이 있나이까
떡 다섯 덩이나 무엇이나 있는 대로 내 손에 주소서 하니 4 제사장이 다윗에게 대답하
여 이르되 보통 떡은 내 수중에 없으나 거룩한 떡은 있나니 그 소년들이 여자를 가까
이만 하지 아니하였으면 주리라 하는지라 5 다윗이 제사장에게 대답하여 이르되 우리
가 참으로 삼 일 동안이나 여자를 가까이 하지 아니하였나이다 내가 떠난 길이 보통
여행이라도 소년들의 그릇이 성결하겠거든 하물며 오늘 그들의 그릇이 성결하지 아니
하겠나이까 하매 6 제사장이 그 거룩한 떡을 주었으니 거기는 진설병 곧 여호와 앞에
서 물려 낸 떡밖에 없었음이라 이 떡은 더운 떡을 드리는 날에 물려 낸 것이더라 7 그
날에 사울의 신하 한 사람이 여호와 앞에 머물러 있었는데 그는 도엑이라 이름하는 에
돔 사람이요 사울의 목자장이었더라 8 다윗이 아히멜렉에게 이르되 여기 당신의 수중
에 창이나 칼이 없나이까 왕의 일이 급하므로 내가 내 칼과 무기를 가지지 못하였나이
다 하니 9 제사장이 이르되 네가 엘라 골짜기에서 죽인 블레셋 사람 골리앗의 칼이 보
자기에 싸여 에봇 뒤에 있으니 네가 그것을 가지려거든 가지라 여기는 그것밖에 다른
것이 없느니라 하는지라 다윗이 이르되 그같은 것이 또 없나니 내게 주소서 하더라 10
그 날에 다윗이 사울을 두려워하여 일어나 도망하여 가드 왕 아기스에게로 가니 11 아
기스의 신하들이 아기스에게 말하되 이는 그 땅의 왕 다윗이 아니니이까 무리가 춤추
며 이 사람의 일을 노래하여 이르되 사울이 죽인 자는 천천이요 다윗은 만만이로다 하
지 아니하였나이까 한지라 12 다윗이 이 말을 그의 마음에 두고 가드 왕 아기스를 심
히 두려워하여 13 그들 앞에서 그의 행동을 변하여 미친 체하고 대문짝에 그적거리며
침을 수염에 흘리매 14 아기스가 그의 신하에게 이르되 너희도 보거니와 이 사람이 미
치광이로다 어찌하여 그를 내게로 데려왔느냐 15 내게 미치광이가 부족하여서 너희가
이 자를 데려다가 내 앞에서 미친 짓을 하게 하느냐 이 자가 어찌 내 집에 들어오겠느
냐 하니라

건너뛴 장 내용 요약

18장– 다윗의 왕궁 생활

19장– 사울의 몰락

20장– 다윗의 탈출

V. 관찰문제의 바른 답

말씀 돋보기(관찰)

1 다윗이 방랑자의 삶을 시작하면서 처음 찾은 곳은 어디인가?(21:1)

놉의 성소

도망자 다윗이 제일 먼저 찾은 곳은 놉이었으며, 아마 자신의 일에 대해 하나님께 여쭤보기 위해서였을 것이다(22:10, 15). 놉은 실로가 쇠퇴한 후에 이스라엘 종교의 중심지로 자리 잡은 곳으로, 사울이 머물던 기브아에서 남동쪽으로 4km 떨어져 있었고, 예루살렘 북쪽 근교에 위치했던 것으로 추정된다.

사람이 어떤 세계관과 우선순위를 가지고 사는가는 곤경에 처했을 때 누구를/무엇을 제일 먼저 찾는가에서 알 수 있다. 다윗은 전에 사울에게서 도망하여 라마에 있는 사무엘을 찾아갔다(19:18–24). 사무엘이 지속적으로 보호해 주지 못하자, 잠시 요나단을 찾아갔다(20:1–42). 그리고 요나단과 작별하고 제일 먼저 찾은 곳이 놉이다. 다윗은 위기가 닥칠 때, 하나님을 제일 먼저 찾는 신앙인이었다.

2 떡을 요구하는 다윗에게 제사장 아히멜렉이 준 것은 무엇이며, 어떤 의미가 있는가?(21:4–6)

진설병

여호와의 임재가 다윗과 함께함

다윗은 왕의 특명을 받고 길을 가는 중이라고 거짓말하고 떡을 달라고 했다. 다윗의 요청에 아히멜렉은 진설병을 준다. 아히멜렉은 의식하지 못했겠지만, 진설병을 다윗에게 준 것은 상징적인 의미가 있다. 진설병은 성소에 보관되었던 열두 덩이의 떡이었다. 일주일에 한 번씩 새 것으로 바뀌며, 성소에서 꺼낸 오래된 떡은 제사장들만이 먹을 수 있었다(cf. 레 24:5-9). 성소에 보관된 진설병은 결코 이스라엘 하나님 여호와께 잡수실 만한 음식을 바치기 위한 것이 아니었다. 진설병은 하나님이 그분의 백성에게 양식을 주시는 은혜를 상징했다. 또한 여호와의 임재를 상징하는 성소에 보관된 진설병은 여호와 앞에 있었다. 다윗에게 이 떡들이 주어지는 것은 이 떡들이 항상 하나님 앞에 있었던 것처럼, 다윗이 어디를 가든지 여호와의 임재가 항상 함께할 것을 약속하는 듯하다.

3 다윗이 그날 성전에서 본 또 다른 사람은 누구인가?(21:7)

에돔 사람 도엑

그 자리에는 에돔 사람이요 사울의 신하인 도엑이라는 자가 있었다(7절). 율법에 의하면 에돔 사람은 여호와의 성회에 참석할 수 있었다(신 23:8). 아마 야곱과 에서의 형제 관계 때문이었을 것이다. 이 사람은 전쟁 포로가 되어 이스라엘로 끌려 왔거나, 사울의 군대에서 용병으로 활동했을 것이다.

4 다윗이 제사장 아히멜렉에게서 취한 무기는 어떤 상징성이 있는가?(21:9)

골리앗의 칼은 하나님의 승리와 보호를 상징한다.

하나님은 놉을 찾은 다윗에게 골리앗의 무기를 주셨다. 다윗은 골리앗을 믿음으로 이기고 칼을 전리품으로 빼앗은 적이 있었다. 즉 골리앗의 칼은 하나님의 승리와 보호를 상징한다. 그러므로 골리앗의 칼을 가지고 성소를 떠나는 것은 앞으로 하나님이 그의 길을 지켜주실 것을 의미한다. 당시 풍습에 따르면 전쟁에서 적군으로부터 빼앗은 노획물 중에 중요한 물건은 성전/산당 등에 보관했다. 사울은 가는 곳마다 다윗에게 꽂을 창이 있었던 데 반해, 다윗의 무기는 매우 빈약했다. 그가 무기도 없이 놉을 찾았다는 것은 무기를 챙길 겨를도 없을 만큼 사태가 심각했음을 보여준다.

5 다윗이 사울을 피하여 가드 왕 아기스에게로 도망하여 미친 척한 이유는 무엇인가?(21:11-13)
살기 위해서, 두려워서

놉을 떠난 다윗은 안전한 장소를 찾아다녔다. 다윗은 평소 자신이 대적하여 싸웠던 주변 국가들에서 안식처를 찾으려 했다. 얼마나 다급했는지 물불을 가리지 않았다. 그가 맨 처음 찾아간 사람은 다름 아닌 블레셋의 다섯 도시 중 하나인 가드 왕 아기스였다. 아마도 다윗은 용병이 되어 아기스를 섬기려고 찾아갔을 것이다. 그러나 그들은 이스라엘 여인들이 다윗과 사울을 비교해서 불렀던 노래를 인용하여 다윗을 '그 땅의 왕'이라고 말했다(11절). 이에 다윗은 두려워서 미친 자의 흉내를 내며 자신의 정체를 숨겼다. 당시 사회에서는 미친 사람을 터부로 여겨 해치지 않았다. 다윗의 행동은 결코 왕답거나 자랑스러운 것은 아니었지만 그 자리를 벗어나는 데는 효과적이었다.

Ⅵ. 적용과 나눔

삶의 내비게이션(적용)

1 다윗은 살기 위해서 아히멜렉에게 거짓말을 한다. 당신이 과거에 어쩔 수 없이 했던 거짓말에는 어떤 것이 있는가?
관찰문제 2번 참고. 다윗이 아히멜렉에게 거짓말하는 것도, 진설병을 먹는 것도 문제이다(cf. 출 25:30; 레 24:5-9). 그러나 성경은 이런 문제에 얽매이지 않고 이야기를 진행한다. 성경이 특별한 평가 없이 이야기를 진행하는 것은 그만큼

다윗의 상황이 절박함을 인정했기 때문이다. 생사가 좌우되는 순간이라 이런 것들을 염려할 여유가 없었다. 다윗의 유일한 목적은 살아남는 것이었다. 이 사건에 대한 예수님의 해석을 참고하는 것도 유익하다(막 2:25-28). 각자 과거에 어쩔 수 없이 했던 거짓말에는 어떤 것이 있는지 이야기를 나누어 보도록 한다. 다윗처럼 살기 위해 하는 거짓말도 있지만, 위기를 모면하기 위한 하얀 거짓말도 있다. 부모 자식, 배우자, 친구, 성도 간에 했던 거짓말에 대해 말해 보도록 한다.

2 다윗은 사울을 피해 도망가면서 먼저 놉으로 가 제사장 아히멜렉을 만난다. 당신은 어려울 때 세일 먼서 누구를 찾거나 무엇을 하는가?

관찰문제 1번 참고. 다윗은 도망자의 길을 떠나면서 제일 먼저 종교적 중심지 놉으로 가서 제사장 아히멜렉을 만난다. 각자 어려울 때 제일 먼저 누구를 찾아가는지 나누어 보도록 한다.

예) 부모님, 배우자, 목사님, 멘토, 친구 등

또 어려울 때 제일 먼저 하는 것은 무엇인지도 서로 나누도록 한다.

예) 기도, 전화, 교회 찾기, 특별한 장소 가기 등

3 율법에 의하면 진설병을 먹을 수 없으나 다윗은 진설병을 먹었다. 그 이유는 사람이 율법을 위해 있는 것이 아니고, 율법이 사람을 위해 있기 때문이다. 당신이 규칙과 율법을 내세워 사람을 세우려 하지 않고 정죄하거나 무시하는 것에는 무엇이 있는가?

관찰문제 2번 참고. 다윗이 진설병을 먹은 것은 생존을 위한 일이었다. 우리 주변에 도덕과 정의가 사치스럽게 느껴질 정도로 어렵고 고통스러운 삶을 사는 사람이 있다. 그런 사람을 보면서 섣부른 도덕성을 탓하기 전에 그들의 절박함을 이해해야 한다. 사람의 이해보다 규칙과 율법을 내세우는 것에는 무엇이 있는지 이야기를 나누어 보도록 한다.

Ⅶ. 마무리

기도로 마무리한다.
제11주 관찰문제를 예습해 오도록 한다.
실천과제를 제시한다.

생활의 아로마(실천)

예 1) 그 사람이 처한 상황을 알기 전에 율법으로 사람을 판단하지 않도록 한다.

제11주 악을 선으로

사무엘상 24:1-22

학습목표

1. 어느 관점에 서느냐에 따라 악을 선으로 갚을 수 있다.

KEYWORD **관점, 반응, 신뢰**

Ⅰ. 찬양과 기도

Ⅱ. 지난주 실천과제 나눔

Ⅲ. 복습문제 풀이

복습

1 다윗이 방랑자의 삶을 시작하면서 처음으로 찾은 곳은 어디인가?(21:1)

놉의 성소

2 빵을 요구하는 다윗에게 제사장 아히멜렉이 준 것은 무엇이며, 어떤 의미가 있는가?(21:4-6)

진설병

여호와의 임재가 다윗과 함께함

Ⅳ. 말씀 사무엘상 24:1-22을 다 함께 읽는다

24:1 사울이 블레셋 사람을 쫓다가 돌아오매 어떤 사람이 그에게 말하여 이르되 보소서
다윗이 엔게디 광야에 있더이다 하니 2 사울이 온 이스라엘에서 택한 사람 삼천 명을
거느리고 다윗과 그의 사람들을 찾으러 들염소 바위로 갈새 3 길 가 양의 우리에 이른
즉 굴이 있는지라 사울이 뒤를 보러 들어가니라 다윗과 그의 사람들이 그 굴 깊은 곳
에 있더니 4 다윗의 사람들이 이르되 보소서 여호와께서 당신에게 이르시기를 내가
원수를 네 손에 넘기리니 네 생각에 좋은 대로 그에게 행하라 하시더니 이것이 그 날
이니이다 하니 다윗이 일어나서 사울의 겉옷 자락을 가만히 베니라 5 그리 한 후에 사
울의 옷자락 벰으로 말미암아 다윗의 마음이 찔려 6 자기 사람들에게 이르되 내가 손
을 들어 여호와의 기름 부음을 받은 내 주를 치는 것은 여호와께서 금하시는 것이니
그는 여호와의 기름 부음을 받은 자가 됨이니라 하고 7 다윗이 이 말로 자기 사람들을
금하여 사울을 해하지 못하게 하니라 사울이 일어나 굴에서 나가 자기 길을 가니라 8
그 후에 다윗도 일어나 굴에서 나가 사울의 뒤에서 외쳐 이르되 내 주 왕이여 하매 사
울이 돌아보는지라 다윗이 땅에 엎드려 절하고 9 다윗이 사울에게 이르되 보소서 다
윗이 왕을 해하려 한다고 하는 사람들의 말을 왕은 어찌하여 들으시나이까 10 오늘 여
호와께서 굴에서 왕을 내 손에 넘기신 것을 왕이 아셨을 것이니이다 어떤 사람이 나를
권하여 왕을 죽이라 하였으나 내가 왕을 아껴 말하기를 나는 내 손을 들어 내 주를 해
하지 아니하리니 그는 여호와의 기름 부음을 받은 자이기 때문이라 하였나이다 11 내
아버지여 보소서 내 손에 있는 왕의 옷자락을 보소서 내가 왕을 죽이지 아니하고 겉
옷 자락만 베었은즉 내 손에 악이나 죄과가 없는 줄을 오늘 아실지니이다 왕은 내 생
명을 찾아 해하려 하시나 나는 왕에게 범죄한 일이 없나이다 12 여호와께서는 나와 왕
사이를 판단하사 여호와께서 나를 위하여 왕에게 보복하시려니와 내 손으로는 왕을
해하지 않겠나이다 13 옛 속담에 말하기를 악은 악인에게서 난다 하였으니 내 손이 왕
을 해하지 아니하리이다 14 이스라엘 왕이 누구를 따라 나왔으며 누구의 뒤를 쫓나이
까 죽은 개나 벼룩을 쫓음이니이다 15 그런즉 여호와께서 재판장이 되어 나와 왕 사이
에 심판하사 나의 사정을 살펴 억울함을 풀어 주시고 나를 왕의 손에서 건지시기를 원
하나이다 하니라 16 다윗이 사울에게 이같이 말하기를 마치매 사울이 이르되 내 아들
다윗아 이것이 네 목소리냐 하고 소리를 높여 울며 17 다윗에게 이르되 나는 너를 학
대하되 너는 나를 선대하니 너는 나보다 의롭도다 18 네가 나 선대한 것을 오늘 나타

냈나니 여호와께서 나를 네 손에 넘기셨으나 네가 나를 죽이지 아니하였도다 [19] 사람
이 그의 원수를 만나면 그를 평안히 가게 하겠느냐 네가 오늘 내게 행한 일로 말미암
아 여호와께서 네게 선으로 갚으시기를 원하노라 [20] 보라 나는 네가 반드시 왕이 될
것을 알고 이스라엘 나라가 네 손에 견고히 설 것을 아노니 [21] 그런즉 너는 내 후손을
끊지 아니하며 내 아버지의 집에서 내 이름을 멸하지 아니할 것을 이제 여호와의 이름
으로 내게 맹세하라 하니라 [22] 다윗이 사울에게 맹세하매 사울은 집으로 돌아가고 다
윗과 그의 사람들은 요새로 올라가니라

건너뛴 장 내용 요약

22장– 사울이 제사장들을 살해함
23장– 다윗의 방랑 생활

V. 관찰문제의 바른 답

말씀 돋보기(관찰)

1 다윗이 숨은 장소는 어디이며, 쫓아온 사울과 다윗은 각각 어떤 상황 속에 있었는가?(24:1–3)

장소: 엔게디 광야 동굴
사울: 대변보러 굴에 들어감
다윗: 굴속에 숨어있음

블레셋의 침략 문제를 해결한 사울에게 다윗이 엔게디 광야에 있다는 첩보가 들어왔다(1절). 엔게디는 예루살렘에서 남동쪽으로 60km 정도 떨어진 곳으로, 사해의 서쪽 해변에 위치했다. 사울의 군대가 들염소 바위 옆을 지나고 있을 때 갑자기 사울에게 생리적인 충동이 일었다. 대변을 보고 싶었던 것이다. 마침 한 동굴이 보여 사울이 '발을 가리우러' 그곳에 들어갔다(3절, 개역). 히브리어 성경에서 '발을 가리다'는 대변을 보는 것의 완곡한 어법이다. 그 시대에는 동굴이 종종 화장실로 사용되었다.

그런데 그 굴 깊숙한 곳에 다윗이 사람들과 함께 숨어 있었다. 아마도 사울의 추격이 너무 신속하게 이루어져 다윗이 미처 피하지 못하고 이곳에 숨은 것으로 생각된다.

2 다윗이 사울을 죽이지 않은 이유는 무엇인가?(24:6)

여호와의 기름부음 받은 자(왕)를 인간이 쳐서는 안 되기 때문이다.

다윗은 사울을 죽이는 대신 겉옷 자락만 조금 벴다. 사울이 일을 보기 위해 겉옷을 벗어서 옆에 두었음을 의미한다. 다윗은 '여호와의 기름 부음 받은 자'(왕)를 인간이 쳐서는 안 된다고 말한다. 더불어 아무도 사울을 치지 못하도록 명령했다. 다윗은 사울처럼 한순간 폭력을 사용해 문제를 해결하려는 유혹을 받았지만 잘 이겨내고, 폭력이 아니라 하나님의 손에 문제가 해결되길 맡겼다. 다윗은 원칙을 중요시 여기며, 자신이 믿는 원칙이 옳다고 생각되면 끝까지 고수하는 사람이었다. 주변에서 사울을 죽이는 것이 하나님이 주신 기회이자 축복이라고 했지만, 그들과 다른 가치관과 원리에서 상황을 바라보는 다윗은 설득되지 않았다.

3 다윗이 굴에서 나가 사울에게 외쳐 말하면서, 사울과 자신을 비교하는 세 가지는 무엇인가?(24:9-14)

a) 9-10절: 사울은 사람 말만 들으려고 한다.
b) 11-12절: 사울은 자기 손으로 해결하려고 한다.
c) 13-14절: 사울은 재판관이 되어 형을 집행하려고 한다.

다윗은 자신과 사울을 세 가지 측면에서 비교해 가며 말을 잇는다.

첫째, 여론에 대한 둘의 반응 차이다(9-10절). 다윗은 왕이 "사람들의 말"만 들으려 한다는 말로 이야기를 시작하면서(9절), 사울이 자신을 죽이려고 찾아나선 것은 귀가 얇아 여론을 따랐기 때문이라고 한다.

둘째, 하나님의 주권에 대한 둘의 관점 차이다(11-12절). 사울은 자기 손으로 다윗을 죽이려고 길을 나섰지만, 다윗은 하나님이 대신해서 사울에게 보복하실 것을 확신한다.

셋째, 하나님의 공의에 대한 둘의 관점 차이다(13–14절). 다윗은 모든 억울함을 하나님이 공정하게 처리하실 것을 믿는다고 고백한다. 반면 사울은 한쪽으로 치우친 재판장이 되어 사형을 집행하겠다고 "죽은 개나 벼룩"과 같은 다윗을 쫓고 있다.

4 사울이 다윗을 부르는 호칭 변화는 무엇이며, 의미하는 바는 무엇인가?(24:16–17)

내 아들 다윗아

다윗의 정당성과 정체성을 인정한다는 의미

사울은 자신을 죽일 수도 있었지만 죽이지 않았다는 다윗의 말과 증거에 마음이 녹아내렸다. 그는 흐느껴 목놓아 울면서, 마음속 깊은 곳에 감추어 놓은 다윗과 자신의 운명에 대한 진실을 토해 냈다. 다윗이 사울을 존칭으로 "내 아버지여"(11절; cf. 창 45:8; 왕하 5:13)라고 부른 것에 답례라도 하듯, 사울은 "내 아들 다윗아"라고 불렀다(16절). 그동안 사울은 여러 차례 다윗을 언급했지만, 이름은 일부러 피하고 "이새의 아들"이라고 불렀다. 결국 이 상황에서 사울은 다윗의 정당성과 정체성을 인정하고 있는 셈이다.

5 사울이 다윗에게 맹세하게 한 것은 무엇인가?(24:21)

네가 왕이 되면 내 후손을 끊지 말고 내 아버지의 집에서 내 이름을 멸하지 말라.

사울은 다윗에게 자비를 구했다. "네가 왕이 되면 제발 내 후손을 끊지 아니하며 내 아버지의 집에서 내 이름을 멸하지 말라"(21절). 후손과 이름 보존은 같은 요구의 두 가지 측면이다. 사울의 호소는 요나단의 고백을 생각나게 하며, 요나단이 했던 것처럼 다윗의 맹세를 요구했다. 이 일을 계기로 그들의 운명이 완전히 바뀌고 있음을 다윗과 사울은 둘 다 의식하고 있다.

삶의 내비게이션(적용)

1 다윗이 사울을 죽일 수 있는 기회에 살려준 것은 사람들 보기에는 실패한 일처럼 보인다. 그러나 하나님 편에서는 다른 관점으로 볼 수 있다. 당신이 경험한 실패인 줄 알았는데 성공한 것이나, 성공한 줄 알았는데 실패한 일에는 무엇이 있는가?

관찰문제 2번, 3번 참고. 사울은 지나치게 여론에 민감하다가 자신의 인생을 망쳤다. 반면에 다윗은 굴속에 숨어서 사울을 지켜보는 상황에서 사울을 죽이자는 여론이 강하게 작용했지만 결코 원리에 합당한 일이 아니라고 여겼기에 거부했다. 즉, 다윗은 얇은 귀로 여론에 좌지우지되는 그런 사람이 아니었다. 한 사람은 여론에 끌려 다니는 사람으로, 다른 한 사람은 필요에 따라서는 여론을 무시하고 자신의 가치관대로 살아가는 사람으로 묘사한다. 다윗의 행동은 사람들이 보기에는 자신의 왕권을 앞당길 수 있는 기회를 놓친 실패한 일이었다. 그러나 하나님 관점에는 결코 급하게 행동할 일이 아니었다. 각자 경험한 일 중에, 실패인 줄 알았는데 성공한 것이나 성공한 일인 줄 알았는데 실패한 것은 무엇이었는지 이야기를 나누어 보도록 한다. 관찰문제 3번의 다윗과 사울의 다른 세 가지 측면에서 이야기를 나눌 수 있겠다.

2 다윗의 부하들은 엔게디의 동굴로 들어온 사울을 보고 하나님이 주신 기회로 생각했다. 당신이 현재 하나님이 주신 기회라고 생각하는 것은 무엇이 있는가?

관찰문제 2번 참고. 다윗이 숨어있는 동굴에 사울이 제 발로 찾아와, 그것도 무방비 상태로 볼일을 보고 있다. 누가 봐도 하나님이 주신 기회다. 다윗의 부하들도 그러했다. 각자 하나님이 주신 기회라고 생각하는 것은 무엇이 있는지 이야기해 보도록 한다.

예) 지금 하는 성경공부가 하나님을 알아가는 기회로 주셨다.
성경공부 모임을 통해 사람들을 알아가는 것은 하나님이 주신 기회다.
이번에 준비하는 시험/취직은 하나님이 주신 기회다.

지금 만나는 그/그녀는 결혼을 위한 하나님이 주신 기회다.

3 본문은 사울의 권력 남용과 하나님이 심판하실 것이라는 다윗의 신뢰가 대조되고 있다. 당신은 이 부분에 대해 어떻게 생각하는가?
관찰문제 3번 참고. 사울이 다윗을 찾아나선 것은 자신이 공정하지 못한 재판장이자 불법을 행하는 사람임을 입증한다. 반면에 다윗은 공정하신 하나님의 판결과 처벌에 자신을 맡기며 하나님이 자신과 사울 사이에 공정하게 판결해 주실 것을 기대한다. 사울이 폭력으로 권력을 남용하는 순간에도 다윗은 비폭력을 행사하며 심판하시는 하나님을 신뢰한다. 각자 이 부분에 대해 어떻게 생각하는지 이야기를 나누어 보도록 한다. 세상 사람과 똑같이 행동하지 않고, 미련하게 세상 사람에게 이용당하지 말아야 한다. 보복은 하나님이 해주실 것이다(롬 12:19).

Ⅶ. 마무리

기도로 마무리한다.
제12주 관찰문제를 예습해 오도록 한다.
실천과제를 제시한다.

생활의 아로마(실천)

예 1) 관점: 누군가와 갈등을 빚고 있다면 그 사람/하나님의 관점에서 생각해 보도록 한다.

2) 반응: '화'의 원인이 무엇인가 살펴보고 다른 반응을 찾아보도록 한다.
   – 보복 운전, 악성 댓글(잘못된 분노 표출)

제12주 왕의 말로

사무엘상 31:1–13

학습목표

1. 하나님께 버림받은 자의 마지막이 어떠한지를 알 수 있다.

KEYWORD **자살, 은혜, 슬픔**

Ⅰ. 찬양과 기도

Ⅱ. 지난주 실천과제 나눔

Ⅲ. 복습문제 풀이

복습

1 다윗이 굴에서 나가 사울에게 외쳐 말하면서, 사울과 자신을 비교하는 세 가지는 무엇인가?(24:9–14)

a) 9–10절: 사울은 사람 말만 들으려고 한다.

b) 11–12절: 사울은 자기 손으로 해결하려고 한다.

c) 13–14절: 사울은 재판관이 되어 형을 집행하려고 한다.

Ⅳ. 말씀 사무엘상 31:1-13을 다 함께 읽는다

31:1 블레셋 사람들이 이스라엘을 치매 이스라엘 사람들이 블레셋 사람들 앞에서 도망
하여 길보아 산에서 엎드러져 죽으니라 2 블레셋 사람들이 사울과 그의 아들들을 추
격하여 사울의 아들 요나단과 아비나답과 말기수아를 죽이니라 3 사울이 패전하매 활
쏘는 자가 따라잡으니 사울이 그 활 쏘는 자에게 중상을 입은지라 4 그가 무기를 든
자에게 이르되 네 칼을 빼어 그것으로 나를 찌르라 할례 받지 않은 자들이 와서 나를
찌르고 모욕할까 두려워하노라 하나 무기를 든 자가 심히 두려워하여 감히 행하지 아
니하는지라 이에 사울이 자기의 칼을 뽑아서 그 위에 엎드러지매 5 무기를 든 자가 사
울이 죽음을 보고 자기도 자기 칼 위에 엎드러져 그와 함께 죽으니라 6 사울과 그의
세 아들과 무기를 든 자와 그의 모든 사람이 다 그 날에 함께 죽었더라 7 골짜기 저쪽
에 있는 이스라엘 사람과 요단 건너쪽에 있는 자들이 이스라엘 사람들이 도망한 것과
사울과 그의 아들들이 죽었음을 보고 성읍들을 버리고 도망하매 블레셋 사람들이 이
르러 거기에서 사니라 8 그 이튿날 블레셋 사람들이 죽은 자를 벗기러 왔다가 사울과
그의 세 아들이 길보아 산에서 죽은 것을 보고 9 사울의 머리를 베고 그의 갑옷을 벗
기고 자기들의 신당과 백성에게 알리기 위하여 그것을 블레셋 사람들의 땅 사방에 보
내고 10 그의 갑옷은 아스다롯의 집에 두고 그의 시체는 벧산 성벽에 못 박으매 11 길
르앗 야베스 주민들이 블레셋 사람들이 사울에게 행한 일을 듣고 12 모든 장사들이 일
어나 밤새도록 달려가서 사울의 시체와 그의 아들들의 시체를 벧산 성벽에서 내려 가
지고 야베스에 돌아가서 거기서 불사르고 13 그의 뼈를 가져다가 야베스 에셀 나무 아
래에 장사하고 칠 일 동안 금식하였더라

건너 뛴 장 내용 요약

25장- 다윗, 나발 그리고 아비가일
26장- 다윗이 십 광야에서 사울을 살려줌
27장- 다윗이 블레셋에 머묾
28장- 사울이 점쟁이를 찾아감
29장- 다윗의 내부적 위기
30장- 귀환하는 왕 다윗

말씀 돋보기(관찰)

1 블레셋과의 전투에서 죽은 사울의 일가는 누구인가?(31:2)

사울, 사울의 세 아들(요나단, 아비나답, 말기수아)

싸움은 이스라엘의 참패로 끝났고, 길보아 산은 이스라엘 군의 시체로 덮였다. 사울의 세 아들(요나단, 아비나답, 말기수아)도 죽었다. 이미 28장에서 죽은 사무엘의 입술을 통해 선고된 사울의 사형이 집행된 것이다. 처음 왕으로 세움 받았을 때, 사울은 블레셋 사람을 상대로 싸우라는 사명을 받았지만(9:16), 불행히 블레셋 사람의 손에 죽는다. 그러므로 사울은 자신의 사명을 감당하지 못한 실패한 왕으로 기록될 수밖에 없다.

2 사울은 어떻게 죽는가?(31:4)

사울은 스스로 목숨을 끊었다.

사울은 활에 맞아 중태에 빠졌다. 함께하던 자에게 죽여 달라고 애원했지만 거부당했다(4절). 블레셋 사람이 생포한 삼손의 눈을 뽑고 조롱했던 일을 생각하면, 생포되느니 차라리 죽음을 택하겠다는 사울의 결단이 충분히 이해가 간다. 결국 사울은 스스로 목숨을 끊었고, 죽이기를 거부했던 자도 스스로 목숨을 끊었다.

3 블레셋 사람들은 사울과 그의 아들들의 주검을 어떻게 했는가?(31:9)

사울의 머리를 베어 온 블레셋 영토를 순회하고, 그 시체를 벧산 성벽에 못 박았다.

전쟁에서 승리한 블레셋 사람은 가나안의 전쟁 풍속에 따라 전리품을 찾아 시체들 사이를 누볐다. 그들은 산을 돌다가 사울과 아들들의 주검을

보았고(8절), 자신들의 승리를 알리기 위해 사울의 머리를 베어 온 블레셋 영토를 순회시켰다(9절). 사울과 아들들의 시체는 벧산 성벽에 못 박아 전시했다.

벧산은 이스르엘 계곡과 요단 계곡이 만나는 곳에 있었으며, 양쪽 교통을 통제할 수 있는 요충지다. 여호수아는 벧산을 므낫세 지파에게 주었지만, 므낫세는 그 땅을 차지하지 못했다(수 17:11–12, 16). 그 후 이스라엘은 한 번도 이 땅을 정복한 적이 없었다(cf. 삿 1:27).

4 사울의 갑옷을 아스다롯의 집에 둔 이유는 무엇인가?(31:10)

전리품으로, 그들의 신이 이스라엘 여호와를 상대로 승리했다는 것을 알리기 위해서

사울의 갑옷은 아스다롯의 신전으로 보내졌다(10절). 아스다롯은 주로 시돈에서 숭배되던 여신이며 아스탈테로도 알려져 있다. 본문의 아스다롯은 벧산의 여신을 포함한 모든 이방 신의 지칭일 것이다. 블레셋 사람들이 사울의 갑옷을 신전으로 보내는 것은 그들의 신이 이스라엘의 여호와를 상대로 승리했다는 것을 알리기 위해서다. 그러나 이날 하나님은 패하지 않으셨다. 이스라엘이 패했을 뿐이다. 전에도 이런 적이 있었다(4장). 그때도 블레셋 사람들은 자신들이 이스라엘을 상대로 승리한 것이 마치 자신들의 신이 여호와를 상대로 승리한 것으로 착각했다. 그래서 법궤를 가져다 다곤의 신전에 두었다. 그러나 블레셋 사람들의 기대와 달리 이야기는 여호와의 절대적인 승리로 끝이 났다.

5 사울 일가를 장사 지낸 것은 누구이며, 장례식은 어떠했는가?(31:12–13)

길리앗 야베스 사람들, 화장하여 뼈를 가져다 장사 지내고 7일 동안 금식했다.

사울과 아들들의 소식을 들은 길르앗 야베스 사람들이 사울과 아들들의 시체를 거두어서 화장하여 뼈를 가져다가 장사를 지내고, 7일 동안 금식했다(12–13절). 이스라엘에서는 화장을 하지 않는데 화장을 선택한 이유

는 시신을 수습하기까지는 상당한 시간이 지났기 때문에 시신이 많이 부패했을 것이다. 게다가 시신의 머리도 없고, 또 시신을 그대로 둔다면 블레셋 사람들이 다시 와서 더 훼손할 수도 있다. 그러므로 이런 상황에서는 화장이 최선이었다.

* 길르앗 야베스- 사울이 처음 왕이 되었을 때, 암몬 사람들의 손에서 구원한 성읍(11장)

VI. 적용과 나눔

삶의 내비게이션(적용)

1 블레셋은 법궤를 다곤 신전에 두었던 것처럼, 사울의 갑옷을 아스다롯의 신전으로 보낸다. 아무 효험이 없는데도 같은 실수를 반복한다. 당신이 계속해서 실수하는 부분은 무엇이 있는가?

관찰문제 4번 참고. 블레셋은 승리를 기념하기 위해 법궤를, 사울의 갑옷을 신전으로 가져간다. 그들의 신이 여호와를 상대로 승리했다는 것을 알리기 위해서다. 그러나 이것은 아무 효험 없는 일이었다. 각자 잘못된 것인 줄 알면서 반복하는 실수는 무엇인지 이야기를 나누어 보도록 한다.

예) 담배가 몸에 나쁘다는 것은 알지만 계속 피운다.
술 취하지 말라는 것을 알면서도 마시고 또 마신다.
밤에 먹으면 살이 찐다는 것을 알면서 야식의 유혹에 늘 넘어간다.
컨닝해도 점수에 큰 영향이 없다는 것을 알면서도 또 한다. 등

2 사울은 스스로 목숨을 끊어 생을 마감했다. 주변에 혹시 극단적인 선택을 했거나, 극한 상황을 토로하는 사람들에게 어떻게 반응을 보이는가?

관찰문제 2번 참고. 사울의 자살은 더 큰 고통을 멈추기 위한 선택이었다. 요즘에도 생활고, 병마와 같은 고통을 이기지 못해 자살을 선택하는 이가 있다. 자살하는 이는 우리가 정죄나 비난해야 할 대상이 아니라 이해와 공감이 필요한

대상이다. 또한 자살은 살아있는 가족과 친구들에게까지 영향을 미치기 때문에 살아 있는 자들에게 상처가 되지 않도록 남아 있는 가족을 돌봐 주고 위로해 주는 것이 우리의 책임이기도 하다. 그러나 성경은 엄밀히 자살을 금지한다. 자살이라는 주제는 신학자들도 어려워하는 이슈 중 하나이다. 자살은 한 사람에게 끝나지 않고 남아 있는 가족에게 영향을 미쳐 계속적인 자살이 일어나기도 한다. 주변에 자살을 선택한 사람들의 이야기를 나누어 보도록 한다. 만일 가족 중에 자살한 사람이 있다면 나누지 않아도 된다. 인도자는 자살이라는 주제를 나누는 것이 상처가 되지 않도록 한다. 또한 남아 있는 사람들에게 위로와 진정한 도움이 되는 돌봐주는 방법도 말해 보도록 한다.

3 길르앗 야베스 사람들은 사울의 은혜를 잊지 않고, 그와 그의 아들들을 장사 지낸다. 당신이 잊지 말아야 하는 고마운 사람은 누가 있는가? 그 사람의 은혜에 어떻게 보답할 것인가?

관찰문제 5번 참고. 길르앗 야베스는 사울이 처음 왕이 되었을 때 암몬 사람들의 손에서 구원한 성읍이었다(11장). 비록 사울이 하나님께 버림받고 비참한 종말을 맞았지만, 여전히 하나님의 기름부음을 받은 왕이었다. 그러므로 그들은 왕에 대한 적절한 예우를 갖춘 것이다. 하나님은 다윗을 통해 이들을 축복하고 격려하셨다(cf. 삼하 2:4–7). 길르앗 야베스 사람들이 사울의 은혜를 잊지 않은 것처럼 각자에게 잊을 수 없는 고마운 사람은 누가 있는지 나누어 보도록 한다. 그리고 어떻게 그 은혜에 보답할 것인지도 서로 말해 보도록 한다.

Ⅶ. 마무리

기도로 마무리한다.
다음 과정 성경 공부에 초대한다.
실천과제를 제시한다.

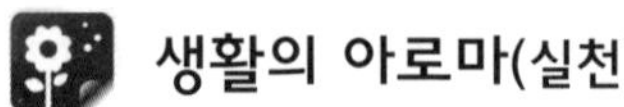

생활의 아로마(실천)

예 1) 예기치 않은 죽음(사고, 자살, 병으로 인한 급사 등)으로 아픔을 겪고 있는 주변 사람들에게 위로와 따뜻한 말을 나누도록 한다.

– 행동으로 실천한다: 음식을 나눈다.

비밀 유지 서약서

나는 이 그룹에서 나눈 것들을 다른 곳에 누설하지 않기로 약속합니다. 또한 다른 그룹원들이 숨기고자 하는 내용을 나누도록 압력을 가하지 않기를 약속합니다. 하나님과 그룹원들에게 나의 약속을 성실히 이행할 것을 서약합니다.

서명________________________________

날짜________________________________

사무엘상 말씀 공부를 통한 삶의 변화 일지

주	나의 말씀 적용(생활의 아로마)	실천과정과 결과
1주		
2주		
3주		
4주		
5주		
6주		

주	나의 말씀 적용(생활의 아로마)	실천과정과 결과
7주		
8주		
9주		
10주		
11주		
12주		

사무엘상 엑스포지멘터리 성경공부 출석

	1	2	3	4	5
이름 / 주					
OT (월 일)					
1주 (월 일)					
2주 (월 일)					
3주 (월 일)					
4주 (월 일)					
5주 (월 일)					
6주 (월 일)					
7주 (월 일)					
8주 (월 일)					
9주 (월 일)					
10주 (월 일)					
11주 (월 일)					
12주 (월 일)					
합계					
연락처					
메모 (가족/기도)					

6	7	8	9	10	11	12

송병현 〈엑스포지멘터리 시리즈〉의 저자. 캐나다 틴데일대학교(B. Th.)와 미국 시카고 트리니티 복음주의신학교를 졸업하고(M. Div.) 동 대학원에서 박사학위(Ph. D.)를 받았다. 1997년부터 백석대학교 구약학 교수로 봉직 중이며 2009년부터는 선교지의 지도자 교육을 위해 강사진을 파송하는 STAR 선교회를 이끌고 있다. 목회자와 신학생뿐 아니라 하나님의 말씀에 진지하게 귀 기울이기 원하는 이 땅의 그리스도인들을 섬기기 위해 활발한 성경 강해와 해석 사역을 펼치고 있다.

송(임)우민 캐나다 틴데일대학교(B. Th.)와 미국 시키고 트리니티 복음주의신학교를 졸업(M. Div.), LA에 있는 탈봇신학교에서 기독교교육학으로 박사학위(Ph. D.)를 받았다. 20여 년간 북미와 한국에서 영어 주일학교 전도사로 교회학교 현장에서 사역했으며, CMIS 캐나다국제학교 이사, Korea Montessori College 교수, 몬테소리 교사 및 컨설턴트 등 다양한 교육학적 경력을 바탕으로 학부모 세미나, 부부 세미나, 교사 세미나와 주요 강사로서 가정과 교회학교를 말씀으로 세우기를 갈망하는 부모와 교사들을 섬기고 있다. 현재 백석예술대학교 보건복지학부 전임교수로 봉직 중이며, 남편 송병현 교수와 함께 STAR 선교회 이사로 섬기고 있다.

엑스포지멘터리 성경공부 시리즈 사무엘상 – 인도자용

초판 1쇄 발행 2017년 3월 20일
2쇄 발행 2024년 8월 25일

지은이 송병현, 임우민
구성 신윤영

펴낸곳 도서출판 이엠
등록번호 제25100-2015-000063
주소 서울시 강서구 공항대로 222, 1014호
전화 070-8832-4671
E-mail empublisher@gmail.com

내용 및 세미나 문의 스타선교회: 02-520-0877 / EMail: starofkorea@gmail.com / www.star123.kr

ISBN 979-11-86880-43-2 93230

「이 도서의 국립중앙도서관 출판시도서목록(CIP)은 서지정보유통지원시스템 홈페이지(http://seoji.nl.go.kr)와 국가자료공동목록시스템(http://www.nl.go.kr/kolisnet)에서 이용하실 수 있습니다. (CIP제어번호:CIP2015000753)」